Grapevine

CITA DIARIA

Libro

365 pasajes inspiradores tomados de
las páginas del AA Grapevine

Libros publicados por AA Grapevine, Inc

The Language of the Heart:
Bill W.'s Grapevine Writings
(y libro electrónico)

The Best of Bill: Reflections on
Faith, Fear, Honesty, Humility,
and Love (y libro electrónico)

Spiritual Awakenings: Journeys
of the Spirit (y libro electrónico)

I Am Responsible: The Hand
of AA

The Home Group: Heartbeat of
AA (y libro electrónico)

Emotional Sobriety: The Next
Frontier (y libro electrónico)

Spiritual Awakenings II: More
Journeys of the Spirit (y libro
electrónico)

In Our Own Words: Stories of
Young AAs in Recovery (y libro
electrónico)

Beginners' Book: Getting and
Staying Sober in AA (y libro
electrónico)

Voices of Long-Term Sobriety:
Old-Timers' Stories from AA
Grapevine (y libro electrónico)

Step by Step: Real AAs, Real
Recovery (y libro electrónico)

Emotional Sobriety II: The Next
Frontier (y libro electrónico)

Young & Sober: Stories from AA
Grapevine (y libro electrónico)

Into Action: How AA members
practice the program in their
daily lives (y libro electrónico)

Happy, Joyous & Free: The
Lighter Side of Sobriety (y libro
electrónico)

One on One: AA Sponsorship in
Action (y libro electrónico)

No Matter What: Dealing with
Adversity in Sobriety (y libro
electrónico)

The Best of the Grapevine,
Volumes I, II, III

AA Around the World:
Adventures in Recovery

Thank You for Sharing:
Sixty Years of Letters to the
AA Grapevine

EN ESPAÑOL

El lenguaje del corazón:
los escritos de Bill W. para el
Grapevine

Lo mejor de Bill: reflexiones
sobre la fe, el miedo, la honradez,
la humildad y el amor (y libro
electrónico)

Lo mejor de La Viña: una
selección de artículos de nuestros
primeros diez años

El grupo base: corazón de AA

EN FRANCÉS

Les meilleurs articles de Bill:
Réflexions sur la foi, la peur,
l'honnêteté, l'humilité et l'amour

Le Langage du cœur: Articles du
Grapevine par Bill W.

Le Groupe d'attache: Le
battement du cœur des AA

Un Tête à Tête: Le parrainage AA
en action (y libro electrónico)

Grapevine

CITA DIARIA

Libro

365 pasajes inspiradores tomados de
las páginas del AA Grapevine

AAGRAPEVINE, Inc.
Nueva York, Nueva York
WWW.AAGRAPEVINE.ORG

PREÁMBULO DE AA

Alcohólicos Anónimos es una comunidad
de personas que comparten
su experiencia, fortaleza y esperanza para
resolver su problema común y ayudar
a otros a recuperarse del alcoholismo.

El único requisito para ser miembro de
AA es el deseo de dejar la bebida. Para ser
miembro de AA no se pagan honorarios
ni cuotas; nos mantenemos con nuestras
propias contribuciones. AA no está afiliada
a ninguna secta, religión, partido político,
organización o institución alguna; no desea
intervenir en controversias, no respalda ni
se opone a ninguna causa.

Nuestro objetivo primordial es mantenernos
sobrios y ayudar a otros alcohólicos a
alcanzar el estado de sobriedad.

BIENVENIDA

Este libro refleja los primeros 365 días
de la Cita diaria con el Grapevine, que se
publicó por primera vez en junio de 2012.
El personal del Grapevine escogió estas
citas, que provienen de miembros de AA
—muchas, de los cofundadores—. Todos
estos pasajes aparecieron inicialmente en
las páginas de la revista como parte de
las historias de los miembros y de otras
contribuciones. Muchos están en los libros
de antología por tema publicados por la
editorial Grapevine. Cada cita diaria incluye
el título de la historia de la que se la extrajo,
la fecha original de publicación y la ubicación
geográfica del autor. A pie de página, figura
el libro de Grapevine en el que también se la
puede encontrar.

Ojalá disfrute de estos pasajes de
experiencia, fortaleza y esperanza, y pueda
incorporarlos a su vida diaria.

ENERO

1.° DE ENERO

"Aquí eres bienvenido"

TULSA, OKLAHOMA, ABRIL DE 1988

———

"Si quieres dejar de beber, a AA
no le importa si eres cristiano, budista,
judío, musulmán, ateo, agnóstico o
lo que sea. La puerta de AA está bien
abierta. Atraviésala".

———

De *Spiritual Awakenings*

2 DE ENERO

"Lento para aprender"

MIAMI, FLORIDA, MARZO DE 1962

"Sólo debía hacerme una sencilla
pregunta: '¿Soy o no soy
impotente ante el alcohol?' No necesitaba
comparar mi experiencia con la
de otro, ni a mí mismo, sino responder
una simple pregunta".

De *Step By Step*

3 DE ENERO

"La perspectiva espiritual de AA"

REV. SAMUEL M. SHOEMAKER
PITTSBURGH, PENSILVANIA, OCTUBRE DE 1955

———

"Cuando dejas que la verdad entre
en acción y haces que tu vida persiga
esta noción de la verdad, las cosas
empiezan a darse".

———

Del *AA Grapevine*

4 DE ENERO

"Una luz de esperanza"

CLEVELAND, OHIO, ABRIL DE 1991

―――

"El camino a la recuperación espiritual y emocional ... tomó diversas direcciones: muchas reuniones, lecturas, conversaciones con los miembros de AA, grupos de discusión, psicoterapia y empezar a compartir. Escuchar y compartir parecían ser la clave —la obra del espíritu—".

―――

De *Spiritual Awakenings*

5 DE ENERO

"Qué significa para mí el despertar espiritual"

JACKSON HEIGHTS, NUEVA YORK,
ABRIL DE 1956

———

"Siempre presente en mi corazón
hay una melodía de acción de gracias por
mi creciente sobriedad, como una puerta
que se abre hacia una verdad eterna".

———

De *Spiritual Awakenings*

6 DE ENERO

"El ojo del huracán"
OKLAHOMA CITY, OKLAHOMA,
DICIEMBRE DE 1992

———

"AA es espiritual, es el ojo del huracán,
es mi refugio y mi sosiego. Agradezco a
AA por ofrecer un lugar a los corazones
rotos y las almas heridas".

———

De *Spiritual Awakenings*

7 DE ENERO

"Por qué Alcohólicos Anónimos es anónimo"

BILL W., COFUNDADOR DE AA,
ENERO DE 1955

———

"Ahora nos damos perfecta cuenta
de que un cien por ciento de anonimato
personal ante el público es tan
importante para la vida de AA como es
un cien por ciento de sobriedad para
la vida de todo miembro".

———

De *El lenguaje del corazón*

8 DE ENERO

"Un ajuste de actitud"

NUEVA YORK, NUEVA YORK,
ENERO DE 2006

———

"No beber me genera infinitas posibilidades. .... ¿Quién sabe? Este podría ser el mejor día de mi vida".

———

De *Beginners' Book*

9 DE ENERO

"Encendiendo el poder"

RIVERSIDE, ILLINOIS, AGOSTO DE 1977

———

"Los Pasos hablarán de mi estado, donde sea que me encuentre en el proceso de sobriedad".

———

De *Spiritual Awakenings*

10 DE ENERO

"AA y el giro religioso"

NUEVA YORK, NUEVA YORK,
SEPTIEMBRE DE 1977

———

"Me di cuenta de que es posible
creer en un Poder Superior, en la eficacia
de la oración y la meditación, en
comunicarse de manera consciente con
un Poder Superior, a medida que me
sugerían esos conceptos, que
interiormente entendía —o no entendía—
en AA, sin perder una pizca de
mi preciada identidad".

———

De *Spiritual Awakenings*

11 DE ENERO

"¿Cómo podemos mantenerlo simple?"

BILL W., COFUNDADOR DE AA, JULIO DE 1960

———

"Simplemente organizamos nuestros principios para que se puedan entender mejor, y seguimos organizando así nuestros principios a fin de poder hacer una transfusión de la sangre vital de AA a los que sin ella morirían. En esto consiste exclusivamente la 'organización' de AA. Nunca puede haber más".

———

De El lenguaje del corazón

12 DE ENERO

"La sed del tipo espiritual"
LOS ÁNGELES, CALIFORNIA, AGOSTO DE 1965

———

"No creo haber bebido para emborracharme, sino siempre para buscar en el próximo trago esa paz que el alma enferma ansía".

———

De *Spiritual Awakenings*

13 DE ENERO

"La unidad rara vez significa estar todos de acuerdo"

SPRINGVILLE, UTAH, ENERO DE 1998

———

"La unidad rara vez significa estar todos de acuerdo en todo. Tampoco contribuye a la unidad dejar de lado nuestras preocupaciones y adaptarse a la opinión de la mayoría (o de la minoría que se hace oír). ... La mejor manera de alcanzar la unidad es escuchar plenamente todos los puntos de vista ..., darle tiempo a todos los involucrados para no brindar respuestas emocionales ..., y también hacer un análisis cuidadoso y orar por aquello que será mejor para el grupo o para AA en su totalidad".

———

De *I Am Responsible*

14 DE ENERO

"Una luz de esperanza"

CLEVELAND, OHIO, ABRIL DE 1991

———

"Cada día, alcohólicos desesperanzados, indefensos, participan de las reuniones de AA, se aferran a la esperanza y comienzan a renovar su espíritu".

———

De *Spiritual Awakenings*

15 DE ENERO

"Un viaje del espíritu"

ALBUQUERQUE, NUEVO MÉXICO, ABRIL DE 1984

———

"Agradezco que las personas de AA me
hayan mostrado cómo vivir sobrio.
Sin embargo, otras fuentes me enseñaron
muchas otras cosas. Aprendí sobre
el silencio gracias a la brisa que flota en
el pasto en un cálido día de verano.
Aprendí sobre el amor incondicional
gracias a mis mascotas. Aprendí a
sentir admiración por el mundo gracias
a mis hijos. Aprendí que todas
las cosas tienen un inmenso poder".

———

De *Spiritual Awakenings*

16 DE ENERO

"Contacto consciente"

WEST SPRINGFIELD, MASSACHUSETTS, ABRIL DE 1990

———

"El Dios que conozco hoy ... es una presencia en la que me encuentro conmigo mismo, tal y como soy".

———

De *Spiritual Awakenings*

17 DE ENERO

"En casa, en un grupo base"
NUEVA YORK, NUEVA YORK, MAYO DE 1997

———

"Mi historia con la bebida tenía
por objeto escaparme. Podía hacer las
valijas y desaparecer en un instante.
Ahora ... me arriesgo a estar presente,
a llegar y ver qué pasa".

———

De *Beginners' Book*

18 DE ENERO

"Aprender a lidiar con la sobriedad"

CONNECTICUT, MARZO DE 1975

———

"AA no nos enseña cómo lidiar
con la bebida; nos enseña cómo lidiar
con la sobriedad".

———

Del *AA Grapevine*

19 DE ENERO

"Las 'reglas' son peligrosas, pero la unidad es vital"

BILL W., COFUNDADOR DE AA,
SEPTIEMBRE DE 1945

———

"Cuando nosotros, los AA, miramos
hacia el futuro, siempre tenemos que
preguntarnos si el espíritu que ahora
nos une en nuestra causa común siempre
será más fuerte que aquellos deseos
y ambiciones personales que tienden a
desunirnos... Nadie se ve forzado
a tragar los Doce Pasos de nuestro
programa de AA. Ninguna autoridad
humana los hace cumplir. No obstante,
nos unen y unidos los seguimos, porque
la verdad que contienen nos ha salvado
la vida, y nos ha abierto una puerta
hacia un nuevo mundo".

———

De *El lenguaje del corazón*

20 DE ENERO

"Había perdido la guerra"
TORONTO, ONTARIO, NOVIEMBRE DE 1952

———

"Hace un tiempo, un orador dijo
que no servía admitir que uno era
alcohólico si, a pesar de la afirmación, no
se comprendía qué significa, en verdad,
ser alcohólico. ... Dijo que no servía
admitirlo incluso comprendiendo
perfectamente qué significa, salvo que
uno aceptase, sin resentimiento,
el hecho de ser alcohólico".

———

De *Step By Step*

21 DE ENERO

"Conciencia"
VIETNAM, SEPTIEMBRE DE 1974

———

"Toda agitación se origina en un
profundo sentimiento que nos carcome y
nos dice que debemos ser distintos
de lo que somos. Si lográsemos aceptar
por completo quiénes y cómo somos
(cambiando cada instante), nos
moveríamos en la silenciosa inmensidad
del ahora".

———

De *Spiritual Awakenings*

22 DE ENERO

"Planificación, no proyección"
OCTUBRE DE 1992

———

"A medida que la estabilidad
de la sobriedad reemplaza el mundo
caótico del alcohólico activo, resulta
claro que se pueden hacer planes que
fomenten una vida positiva. Por ejemplo:
planificar unas vacaciones, citas con el
odontólogo y el presupuesto del hogar.
No podemos planear tener las mejores
vacaciones de nuestras vidas, que
nuestros dientes estén sanos ni mantener
un buen pasar económico, eso sería hacer
proyecciones. Nosotros ideamos planes,
no resultados".

———

Del *AA Grapevine*

23 DE ENERO

"El regalo de la oración"
NOVIEMBRE DE 1967

———

"Busco fortaleza no para ser superior
a mis hermanos, sino para combatir
a mi peor enemigo: yo mismo".

———

De *Spiritual Awakenings*

24 DE ENERO

"Este asunto del miedo"

BILL W., COFUNDADOR DE AA,
ENERO DE 1962

———

"Que siempre amemos lo mejor de los demás y nunca temamos lo peor".

———

De *El lenguaje del corazón*

25 DE ENERO

"Los Doce Conceptos"

BILL W., COFUNDADOR DE AA, PUBLICADO POR
GRAPEVINE EN SEPTIEMBRE DE 1990

———

"Siempre debemos saber que el cambio no significa necesariamente progreso. Estamos seguros de que cada nuevo grupo de trabajadores del servicio mundial querrá probar todo tipo de innovaciones que, con frecuencia, implicarán poco más que una dolorosa repetición de errores pasados ...Y si, a pesar de todo, se realizan desvíos equivocados, puede que estos Conceptos ofrezcan un medio directo de recuperar en forma segura un equilibrio operativo que, de lo contrario, tomaría años de infructuosa búsqueda hallar nuevamente".

———

Del *AA Grapevine*

26 DE ENERO

"No en llamas"

MESA, ARIZONA, MARZO DE 2010

———

"Tiene que haber algo por lo que estar agradecido si tan solo estoy dispuesto a cambiar mi actitud y encontrarlo".

———

De *Emotional Sobriety II*

27 DE ENERO

"Un laberinto de medidas parciales"
ROCHESTER, MICHIGAN, ABRIL DE 1986

———

"Me llevó dos años aprender que la razón por la que no lograba avanzar era que siempre estaba demasiado apurado".

———

28 DE ENERO

"Conciencia"

VIÉTNAM, SEPTIEMBRE DE 1974

———

"Las exigencias, las esperanzas,
los anhelos y los deseos nos atan al horror
estático y a la inutilidad absoluta
del pasado que no regresará nunca y del
futuro que no llegará jamás. No querer
nada —saber que no podemos hacer
que nada ocurra— otorga júbilo interno
y externo, plena realización".

———

De *Spiritual Awakenings*

29 DE ENERO

"Había perdido la guerra"
TORONTO, ONTARIO, NOVIEMBRE DE 1952

———

"No servía de nada preguntarme
por qué o cuándo me convertí
en alcohólico por la simple razón que
no cambiaría mi estado; incluso
si hallaba la respuesta, seguiría siendo
alcohólico".

———

De *Step by Step*

30 DE ENERO

"Herramientas para la vida"
NUEVA YORK, NUEVA YORK, ENERO DE 2006

———

"Cuando me inunda el miedo a un futuro
incierto y todas mis proyecciones son
negativas, hago lo que me indicó mi
padrino: muevo los dedos de los pies y
regreso a la seguridad del momento".

———

De *Beginners' Book*

31 DE ENERO

"El pequeño secreto de una vida feliz"
NOVIEMBRE DE 1946

———

"El mañana nunca es nuestro hasta que se hace presente".

———

De *Beginners' Book*

FEBRERO

1.° DE FEBRERO

"Maravillado por la cordura"
LONDRES, INGLATERRA, FEBRERO DE 1997

———

"Últimamente nada me parece tan valioso como mi cordura. Antes era adicto al drama y sólo me motivaban la emoción y los altos niveles de adrenalina. Ahora es muy distinto. ... Es todo muy común y normal y sensato, y no lo cambiaría por nada del mundo".

———

De *Spiritual Awakenings*

2 DE FEBRERO

"Segunda Tradición"

BILL W., COFUNDADOR DE AA,
ENERO DE 1948

―――――

"En AA, no tenemos ninguna
autoridad humana coercitiva. Ya que
todo miembro de AA tiene, por
necesidad, una conciencia sensible, y
ya que el alcohol le castigará gravemente
si recae, cada vez nos vamos dando
más cuenta de que tenemos poca
necesidad de reglas o reglamentos de
invención humana".

―――――

De *El lenguaje del corazón*

3 DE FEBRERO

"Las paradojas de la sobriedad"

KEEGO HARBOR, MICHIGAN, JUNIO DE 1998

———

"AA me enseñó que soy el arquitecto de mi propio éxito o felicidad. La calidad de mi sobriedad depende de mí — será lo que yo quiera que sea—".

———

De *Beginners' Book*

4 DE FEBRERO

"Espiritualidad"

ALVA, OKLAHOMA, ENERO DE 1952

———

"Los Doce Pasos no son algo que
se deba implementar de manera
progresiva, siguiendo un orden para
llegar a una conclusión, sino un código
de vida — la constitución de una
nueva forma de vida—".

———

Del *AA Grapevine*

5 DE FEBRERO

"Un suministro de por vida"
KATMANDÚ, JULIO DE 1995

———

"Si sencillamente me desprendo de un defecto de carácter —me libero de él— mi Poder Superior lo reemplazará con una cualidad. Cuando me libero del enojo, me vuelvo más amigable. Cuando me libero del odio, me vuelvo más amoroso. Cuando me libero del miedo, me vuelvo más seguro".

———

De *Beginners' Book*

6 DE FEBRERO

"La comunicación de AA puede superar todas las barreras"

BILL W., COFUNDADOR DE AA,

OCTUBRE DE 1959

———

"Nadie podría dudar en decir que los AA somos muy afortunados; afortunados por haber sufrido tanto; afortunados por poder conocernos, comprendernos y amarnos unos a otros tan supremamente bien... A decir verdad, la mayoría de nosotros somos bien conscientes de que son dádivas extraordinarias que tienen su verdadera raíz en nuestra afinidad nacida del sufrimiento en común y de la liberación por la gracia de Dios".

———

De *El lenguaje del corazón*

7 DE FEBRERO

"Los Pasos de AA conducen al despertar espiritual"

HANKINS, NUEVA YORK, MAYO DE 1967

"Estoy aprendiendo, cuando trato de detectar señales de despertar espiritual en mí mismo, a no buscar las luces brillantes o los cambios emocionales ..., sino la sobriedad, la estabilidad, la responsabilidad, el significado, la satisfacción, la alegría. Estas son las huellas del comienzo de un despertar espiritual".

De *Spiritual Awakenings*

8 DE FEBRERO

"Círculos de sobriedad"

CHESTERTOWN, NUEVA YORK, ENERO DE 2006

———

"Es importante analizar mis
pensamientos, ser consciente de qué
ideas estoy atando a mi corazón,
invitándolas a quedarse en mi mente,
alentándolas a dar vueltas por
mi cabeza".

———

De *Beginners' Book*

9 DE FEBRERO

"Hacia la realidad"

NUEVA YORK, NUEVA YORK, ABRIL DE 1980

———

"El principio de la maduración para mí fue estar dispuesto a hacer el intento de enfrentar las realidades de mi propia vida, un día a la vez, y dejar atrás las fantasías de mi infancia sobre tener una vida de cuento de hadas en un mundo perfecto, lleno de gente perfecta".

———

De *Spiritual Awakenings*

10 DE FEBRERO

"Paciencia"

NORTH HOLLYWOOD, CALIFORNIA, JUNIO DE 1980

———

"No fue sino hasta entender que el que Dios no responda de inmediato a una oración no significa que no vaya a hacerlo nunca, estuve dispuesto a dejar que un Poder Superior a mí determinase cómo y cuándo iba a recibir las cosas que realmente necesitaba, y no las que reclamaba".

———

De *Spiritual Awakenings*

11 DE FEBRERO

"Por qué Alcohólicos Anónimos es anónimo"

BILL W., COFUNDADOR DE AA,
ENERO DE 1955

———

"De esta manera llegué a saber que lo temporal y aparentemente bueno puede ser a menudo el enemigo mortal de lo permanente y mejor".

———

De *El lenguaje del corazón*

12 DE FEBRERO

"El esperanzado"

FILADELFIA, PENSILVANIA, ABRIL DE 1990

———

"La esperanza es un tremendo progreso para el que alguna vez se sintió despojado de ella".

———

Del AA Grapevine

13 DE FEBRERO

"¿Cómo es mi presente?"

ATLANTA, GEORGIA, AGOSTO DE 2001

———

"Seguí la fe de otros durante mucho tiempo y ahora estoy empezando a cultivar la mía".

———

De *Beginners' Book*

14 DE FEBRERO

"La próxima frontera: la sobriedad emocional"

BILL W., COFUNDADOR DE AA,
ENERO DE 1958

———

"La estabilidad que logré se originó
en mis esfuerzos para dar, no en mis
exigencias de que se me diera".

———

De *El lenguaje del corazón*

15 DE FEBRERO

"La tolerancia es importante"
TUSCOLA, ILLINOIS, MAYO DE 1950

———

"Nuestras fallas y las pruebas que se nos presentan nos dan la oportunidad de medir eficazmente nuestros méritos y virtudes".

———

Del *AA Grapevine*

16 DE FEBRERO

"El paso hacia la luz del sol"
LA CAÑADA, CALIFORNIA, NOVIEMBRE DE 1989

———

"Antes tenía dos velocidades: rápida y nula. Una dosis diaria de meditación logra un promedio entre esos dos extremos, una velocidad constante más agradable y eficaz".

———

De *Spiritual Awakenings*

17 DE FEBRERO

"Los portales del servicio"

OLYMPIA, WASHINGTON, SEPTIEMBRE DE 2006

———

"Ya sea que estuviese sirviendo café en mi grupo base o atendiendo una llamada de Paso Doce, había establecido un nuevo patrón de pensamiento: no sólo pensaba en mí mismo, sino también en los demás".

———

De *Beginners' Book*

18 DE FEBRERO

"La modestia: un elemento de las buenas relaciones públicas"

BILL W., COFUNDADOR DE AA,
AGOSTO DE 1945

―――――

"Así que debemos examinarnos constante y detenidamente, a fin de tener la perpetua seguridad de que, dentro de nuestra Sociedad, siempre seamos lo suficientemente fuertes y estemos suficientemente fijados en nuestro único propósito como para relacionarnos apropiadamente con el mundo exterior".

―――――

De *El lenguaje del corazón*

19 DE FEBRERO

"Confiar en el silencio"
ANÓNIMO, NOVIEMBRE DE 1991

———

"Estando sobrio, con frecuencia oraba
cuando, en realidad, necesitaba meditar.
Me quejaba tanto ante Dios que no
le dejaba interponer una sola palabra.
(No puedo evitar hacer con Dios lo
que hago con los seres humanos). Para
mí, la meditación es, simplemente,
estar en silencio y escuchar, algo que no
me sale de manera natural. Es coserme
la boca —y silenciar la mente, que habla
sin parar aunque mi boca esté cerrada—".

———

De *Beginners' Book*

20 DE FEBRERO

"Bueno, Dios..."

HOUSTON, TEXAS, OCTUBRE DE 1985

"Cordialmente, invité a Dios a pasar el día conmigo (como si fuese un pariente o un amigo de visita) y, en seguida, entablé un diálogo mental con él. Me di cuenta de que, a medida que hacía contacto con Dios, iba entendiendo quién era yo en realidad".

De *Spiritual Awakenings*

21 DE FEBRERO

"Herramientas para la vida"

NUEVA YORK, ENERO DE 2006

———

"Busca ese poder y pídele ayuda cuando
te sientas aturdido o con miedo,
de la misma forma en que una planta
busca la luz".

———

De *Beginners' Book*

22 DE FEBRERO

"AA mañana"

BILL W., COFUNDADOR DE AA,
JULIO DE 1960

———

"Según vamos mejorando en el uso del 'lenguaje del corazón', nuestras comunicaciones se mejoran al mismo ritmo; ya tenemos paso franco para atravesar todas las barreras de distancia e idioma, de distinciones sociales, de nacionalidad y religión que han creado tantas divisiones en el mundo de nuestros días".

———

De *El lenguaje del corazón*

23 DE FEBRERO

"El sueño imposible"

ISLAMORADA, FLORIDA,
NOVIEMBRE DE 1971

———

"Soy libre de apreciar y disfrutar lo que tengo. No es necesario mostrar que poseo estándares altos al odiar mi bote por no ser un yate, mi casa por no ser un palacio y a mi hijo por no ser un prodigio".

———

De Lo mejor del Grapevine, Volumen I

24 DE FEBRERO

"Quinta Tradición"

BILL W., COFUNDADOR DE AA,
ABRIL DE 1948

―――――

"Que jamás olvidemos que no podríamos
existir si no fuera por la gracia
de Dios, que todos estamos disfrutando
de un indulto provisional".

―――――

De *El lenguaje del corazón*

25 DE FEBRERO

"En la playa"

LAKE WORTH, FLORIDA, ABRIL DE 1987

———

"Si trato de volar con las águilas,
seguramente me parezca más a un pavo".

———

Del AA Grapevine

26 DE FEBRERO

"El pensador compulsivo"

AMES, IOWA, JULIO DE 2010

———

"Mucho antes de ser un bebedor compulsivo, era un pensador compulsivo. Tenía la tendencia de pensar incesantemente, como si esto fuese esencial para mi supervivencia. Mi mente no tenía un botón de apagado o, si lo tenía, yo no sabía dónde se encontraba".

———

Del *AA Grapevine*

27 DE FEBRERO

"Los Pasos de AA conducen al despertar espiritual"

HANKINS, NUEVA YORK, MAYO DE 1967

"El despertar espiritual ... empieza con el conocimiento y la aceptación de la verdad sobre nosotros mismos".

De *Spiritual Awakenings*

28 DE FEBRERO

"Sinceridad, una mente abierta y buena voluntad"

WORCESTER, MASSACHUSETTS, MARZO DE 1952

"Los que vislumbramos la sombra de una red para mariposas sobre nuestras cabezas, estamos bendecidos si logramos comprender que tener la mente abierta puede salvarnos".

Del *AA Grapevine*

MARZO

1.° DE MARZO

"Tercera Tradición"

BILL W., COFUNDADOR DE AA,
FEBRERO DE 1948

———

"Creemos que, cuando dos o tres
alcohólicos se reúnan en interés de la
sobriedad, pueden llamarse un grupo de
AA con tal de que, como grupo, no
tengan otra afiliación".

———

De *El lenguaje del corazón*

2 DE MARZO

"¿Qué es y qué no es un padrino o una madrina?"

BERLÍN, CONNECTICUT, SEPTIEMBRE DE 2004

"Hoy tengo una idea más clara de cuál es mi función como madrina y cuál no es. Mi responsabilidad es mantenerme sobria, estar dispuesta a escuchar, compartir mis pensamientos, orar por los demás y dejar que vivan su propia vida. No tengo el deber de 'arreglar' a nadie, de hacer que otros recuperen la sobriedad, de lograr que sean felices, de exigirles que cumplan con las normas, ni tampoco debo tomar decisiones por ellos".

Del *AA Grapevine*

3 DE MARZO

"¿Quién es miembro de Alcohólicos Anónimos?"

BILL W., COFUNDADOR DE AA, AGOSTO DE 1946

———

"Hace dos o tres años, la Oficina Central pidió a los grupos que hicieran una lista de sus reglamentos y que las enviaran a la sede. Después de haberlas recibido, las recopilamos, viéndonos obligados a cubrir muchas hojas de papel. Tras una breve reflexión sobre tantísimos reglamentos, se desprendió una sorprendente conclusión. Si todos estos edictos hubieran estado vigentes en todas partes al mismo tiempo, le habría sido imposible a cualquier alcohólico unirse a AA".

———

De *El lenguaje del corazón*

4 DE MARZO

"Espíritus afines"

SAN PEDRO, CALIFORNIA, MARZO DE 2009

———

"Quiero señalar que AA es un programa
que sirve para aprender a seguir
la voluntad de tu ser superior".

———

Del AA Grapevine

5 DE MARZO

"Una sonrisa que ofrecer"

RALEIGH, CAROLINA DEL NORTE, JULIO DE 2006

———

"Hoy creo que las dos cosas más importantes para recuperarse son la voluntad y la acción. Ahora tengo una sonrisa que ofrecerles a los demás alcohólicos".

———

Del *AA Grapevine*

6 DE MARZO

"Alguien a quien ayudar"

PERRY, FLORIDA, JULIO DE 2009

"AA no es para las personas que
lo necesitan ni para las que lo desean;
es para aquellas dispuestas a esforzarse
para conseguirlo".

Del AA Grapevine

7 DE MARZO

"¿Quién es miembro de Alcohólicos Anónimos?"

BILL W., COFUNDADOR DE AA,
AGOSTO DE 1946

———

"Los que recaen, los que mendigan, los que chismorrean, los que tienen trastornos mentales, los que se rebelan contra el programa, los que se aprovechan de la fama de AA, muy rara vez perjudican al grupo de AA por mucho tiempo. (...) Nos obligan a cultivar la paciencia, la tolerancia y la humildad".

———

De El lenguaje del corazón

8 DE MARZO

"Vive y deja vivir"

WEST SPRINGFIELD, MASSACHUSETTS, JUNIO DE 2002

———

"Hemos pasado de tener dos miembros a dos millones ... Debemos estar haciendo algo bien".

———

Del *AA Grapevine*

9 DE MARZO

"Un padrino novato"

MARTINSVILLE, VIRGINIA, MARZO DE 2009

———

"Recuerdo haberle preguntado a mi padrino: '¿Cuándo comienzo con los Pasos?'. Me respondió: '¿Cuándo quieres recuperarte?'".

———

Del *AA Grapevine*

10 DE MARZO

"Mi buen padrino"

ROCKY HILL, CONNECTICUT, JULIO DE 1973

———

"Pocas víctimas de esta enfermedad
pueden alcanzar la sobriedad sin
cambiar drásticamente la mayoría de
los aspectos de su vida".

———

Del *AA Grapevine*

11 DE MARZO

"Más preguntas que respuestas"
DORCHESTER, MASSACHUSETTS, MARZO DE 1989

———

"Cuanto más aprendo, tanto más me
queda por aprender".

———

Del *AA Grapevine*

12 DE MARZO

"Vive y deja vivir"

WEST SPRINGFIELD, MASSACHUSETTS,
JUNIO DE 2002

———

"Todos los miembros de AA tenemos derecho a nuestra propia opinión, incluso si consiste en pensar que la opinión de otra persona no es tan buena como la nuestra. Toda la estructura de AA se basa en un espíritu democrático. No hay jefes ni gurús".

———

Del *AA Grapevine*

13 DE MARZO

"El valor de la vida"

BLYTHE, CALIFORNIA, JUNIO DE 2005

————

"Cuando las sombras de mi pasado
salieron a la luz, agradecí el 'plan de vida'
que constituyen los Doce Pasos.
Me ayuda a lidiar con el estupor de
quién era, con la persona que soy y
con la que quiero ser".

————

De *Emotional Sobriety*

14 DE MARZO

"Nuestros críticos pueden ser nuestros benefactores"

BILL W., COFUNDADOR DE AA,
ABRIL DE 1963

"En los años venideros sin duda cometeremos errores. La experiencia nos ha enseñado que no debemos temer a hacerlo, siempre que sigamos estando bien dispuestos a confesar nuestros defectos y corregirlos prontamente".

De *El lenguaje del corazón*

15 DE MARZO

"Apadrinamiento"

LAWTON, OKLAHOMA, FEBRERO DE 1955

———

"Es muy posible que yo no sea la persona más adecuada para apadrinar a determinado miembro nuevo. Puede que yo no sea apto por mi personalidad, por mi educación (o falta de educación) o por mi profesión. Por las mismas razones puedo ser el más indicado para apadrinar a otra persona".

———

Del *AA Grapevine*

16 DE MARZO

"Crecimiento"

HOUSTON, TEXAS, JUNIO DE 1976

———

"Creo que logro crecer cuando me contengo — cuando no maldigo, cuando no respondo con sarcasmo. Si postergo la reacción tan sólo un instante, quizás dos, tengo tiempo de preguntarme: '¿En verdad quiero decir eso?'".

———

De *Emotional Sobriety*

17 DE MARZO

"Un café para el espíritu"

VINTON, IOWA, AGOSTO DE 2001

———

"Necesito que mi grupo base sea un lugar
para practicar con otros alcohólicos los
principios que los Doce Pasos encarnan.
Así querré implementarlos en todos mis
asuntos, incluso en mi hogar".

———

De Emotional Sobriety

18 DE MARZO

"La meditación como forma de búsqueda"

NUEVA YORK, NUEVA YORK, ABRIL DE 1969

———

"La mente suele distraerse con
ensoñaciones. Sin embargo,
con paciencia, nos concentramos
nuevamente en la verdad y la realidad
de la existencia y la experiencia,
como se revelan en el ahora".

———

De *Lo mejor del Grapevine, Volumen I*

19 DE MARZO

"En todos nuestros asuntos"

WESTPORT, CONNECTICUT, JULIO DE 1956

———

"Mi fe en un Poder Superior es tan fuerte hoy como lo era cuando tuve mi primera reunión de AA y acepté el Primer y el Segundo Paso de manera tan sencilla y confiada como un bebé acepta la leche de su madre. (...)Entonces, ¿qué era lo que buscaba? No lo sé. Quizás que un hada mágica me mostrase el único camino correcto para resolver cada situación".

———

De *Emotional Sobriety*

20 DE MARZO

"Fuera de mi alcance"

LANSING, MICHIGAN, MAYO DE 2009

———

"Cuando pareciera que con el amor no basta, me recuerdo que es todo lo que tengo para dar, además de mi experiencia, fortaleza y esperanza".

———

Del *AA Grapevine*

21 DE MARZO

"Se gane o se pierda"

ESCONDIDO, CALIFORNIA, AGOSTO DE 2001

———

"El éxito y el fracaso tienen un común denominador: ... ambos son temporales".

———

De *Emotional Sobriety*

22 DE MARZO

"Dios como nosotros lo concebimos: el dilema de la incredulidad"

BILL W., COFUNDADOR DE AA,
ABRIL DE 1961

———

"La fe es mucho más que nuestra más preciada dádiva; compartirla con otros es nuestra mayor responsabilidad".

———

De *El lenguaje del corazón*

23 DE MARZO

"La humildad para hoy"

BILL W., COFUNDADOR DE AA,
JUNIO DE 1961

————

"La culpabilidad o la rebeldía excesivas
conducen a la pobreza espiritual".

————

De El lenguaje del corazón

24 DE MARZO

"Los ganadores y los llorones"

PORT TOWNSEND, WASHINGTON,
OCTUBRE DE 1994

———

"Existen los ganadores y los llorones,
y a veces pareciera que soy ambas cosas.
Soy, como me recuerdan mis amigos,
un ser humano".

———

De *Emotional Sobriety*

25 DE MARZO

"Las 'reglas' son peligrosas, pero la unidad es vital"

BILL W., COFUNDADOR DE AA,
SEPTIEMBRE DE 1945

———

"Durante sus primeros años en AA, todo miembro conoce el impulso de rebelarse contra la autoridad. Yo sé que lo sentía, y no diría que lo haya superado. Además, he pasado por mi época de legislador, como el que reglamentaría el comportamiento de los demás. (...) Ahora, al recordar esas experiencias, las puedo mirar con gran regocijo. Y también con gratitud".

———

De *El lenguaje del corazón*

26 DE MARZO

"¿Es 'agnóstico' una mala palabra?"

CASPER, WYOMING, SEPTIEMBRE DE 1969

———

"El crecimiento y las experiencias espirituales no son exclusivas de los ortodoxos que creen en una deidad, al igual que la enfermedad del alcoholismo no es exclusiva de los marginales callejeros".

———

Del AA Grapevine

27 DE MARZO

"Crecimiento"

HOUSTON, TEXAS, JUNIO DE 1976

———

"Descubrí una nueva forma de aprender
—cerrar la boca y escuchar. —(...)
No se trata tanto de qué hago, sino de lo
que no hago. Al no hablar, tengo
la mente abierta; me pueden enseñar".

———

De *Emotional Sobriety*

28 DE MARZO

"¿Cómo es mi presente?"

ATLANTA, GEORGIA, AGOSTO DE 2001

———

"Estaba tan ocupado arrepintiéndome del pasado y generando expectativas sobre el mañana que no tenía tiempo de vivir en el presente".

———

De *Beginners' Book*

29 DE MARZO

"La modestia: un elemento de las buenas relaciones públicas"

BILL W., COFUNDADOR DE AA,
AGOSTO DE 1945

———

"La glorificación personal, la soberbia, la ambición obsesiva, el exhibicionismo, la suficiencia intolerante, la loca avidez de dinero o poder, el no querer reconocer los errores y aprender de ellos, la satisfacción de sí mismo, la perezosa complacencia —estos y otros muchos son los típicos defectos que tan a menudo afligen a los movimientos así como a los individuos—".

———

De *El lenguaje del corazón*

30 DE MARZO

"Las 'reglas' son peligrosas, pero la unidad es vital"

BILL W., COFUNDADOR DE AA,
SEPTIEMBRE DE 1945

———

"La verdadera respuesta tiene que ser el fruto de nuestras discusiones, nuestras diferencias de opinión, nuestras experiencias cotidianas, y nuestro consentimiento general".

———

De *El lenguaje del corazón*

31 DE MARZO

"Atravesar el ritual"

ORCHARD LAKE, MICHIGAN, DICIEMBRE DE 1966

————

"Sólo un regalo hecho con amor y gratitud es una bendición para el que lo entrega, y valioso para el que lo recibe".

————

De *Step By Step*

ABRIL

1.º DE ABRIL

"La relación del individuo con AA como grupo"

BILL W., COFUNDADOR DE AA,
JULIO DE 1946

———

"En la vida de cada alcohólico,
siempre hay un tirano al acecho.
Se llama alcohol".

———

De *El lenguaje del corazón*

2 DE ABRIL

"Los ganadores y los llorones"

PORT TOWNSEND, WASHINGTON,
OCTUBRE DE 1994

———

"Me vi forzado a descifrar que no puedo
descifrar nada".

———

De *Emotional Sobriety*

3 DE ABRIL

"Una nueva forma de ver la vida"

COLUMBUS, OHIO, ABRIL DE 1981

———

"Mi vida y las vidas de los que me rodean son, de hecho y en sí mismas, partes de una sinfonía de interacciones".

———

De *Voices of Long-Term Sobriety*

4 DE ABRIL

"Dios como nosotros lo concebimos: el dilema de la incredulidad"

BILL W., COFUNDADOR DE AA,
ABRIL DE 1961

———

"La frase 'Dios como nosotros lo concebimos', es tal vez la expresión más importante que se encuentra en el vocabulario de AA. Estas cinco significativas palabras tienen un alcance tal que en ellas se puede incluir todo tipo y grado de fe, junto con la seguridad absoluta de que cada uno de nosotros puede escoger la suya propia".

———

De *El lenguaje del corazón*

5 DE ABRIL

"Fortaleza mutua"

VANCOUVER, COLUMBIA BRITÁNICA,
ENERO DE 1998

———

"He comparado el momento
transformador en el que la desesperación
dio paso a una luz de esperanza con
el florecer de un pequeño retoño entre
las ruinas bombardeadas de mi vida.
Gracias a AA, esa diminuta flor se
transformaría en un jardín".

———

De *Voices of Long-Term Sobriety*

6 DE ABRIL

"Cueste lo que cueste"

POMPANO BEACH, FLORIDA, JUNIO DE 1978

———

"La sobriedad afecta la mente de manera interesante: la despeja un poco, permite que se filtre algo de honestidad y de verdad, y comienza a exigir la presencia de la realidad".

———

De *Step By Step*

7 DE ABRIL

"Espejito, espejito"

RENTON, WASHINGTON,
OCTUBRE DE 1987

———

"A veces, centrarse en las fallas del otro puede ser beneficioso. Cuando estaba haciendo el Cuarto Paso, un veterano sugirió que anotara los nombres de las personas hacia las que sentía resentimiento y que agregase dos o tres líneas explicativas de por qué se merecían mi desagrado. Tras dejar de lado la lista durante un día, debía tachar cada uno de esos nombres y reemplazarlos con el mío".

———

De *Step By Step*

8 DE ABRIL

"La relación del individuo con AA como grupo"

BILL W., COFUNDADOR DE AA,
JULIO DE 1946

———

"Mientras tenga el más mínimo interés en la sobriedad, el alcohólico más inmoral, más antisocial, más criticón puede reunirse con unas cuantas almas gemelas y anunciarnos que se ha formado un nuevo grupo de Alcohólicos Anónimos. En contra de Dios, en contra de la medicina, en contra de nuestro programa de recuperación, incluso unos en contra de otros —estos individuos desenfrenados todavía constituyen un grupo de AA, *si así lo creen—*".

———

De *El lenguaje del corazón*

9 DE ABRIL

"Sobrio como los demás"

EL PASO, TEXAS, OCTUBRE DE 2006

———

"Actualmente, cuando voy a una reunión, no me engaño al pensar que es para respaldar una buena causa. Yo necesito a AA. A Alcohólicos Anónimos le fue bastante bien sin mi ayuda durante mis diez años de autoexilio. Hoy en día, voy a las reuniones para escuchar y ver cómo obra Dios. Cuando comparto mi historia en una reunión, no es para tratar de 'ayudar' a esos desdichados, sino porque yo necesito su asistencia y su orientación".

———

De *Voices of Long-Term Sobriety*

10 DE ABRIL

"Por qué sigo viniendo"

TOLEDO, OHIO, MAYO DE 2001

———

"AA es una comunidad amable ... de personas que entienden que puede haber gente atrapada en una profunda soledad y desesperación".

———

De *Voices of Long-Term Sobriety*

11 DE ABRIL

"Lo verdadero"

NUEVA YORK, NUEVA YORK, FEBRERO DE 2001

———

"Una vez, un veterano me dijo que, para él, AA era un gran nivelador: cuando se está en la cresta de la ola, los amigos son un cable a tierra. Cuando se está en un pozo profundo, son la ayuda necesaria para subirte un poco".

———

De *Voices of Long-Term Sobriety*

12 DE ABRIL

"De mendigo a millonario"

CORNWALL, ONTARIO, ENERO DE 2005

———

"Mi alma seguía siendo un misterio
hasta que mi Poder Superior se apoderó
de mí. Se me presentó como un
sentimiento muy real de amor y de
cuidado. La amabilidad poco a poco se
convirtió en prioridad, y me empecé a
sentir a gusto con la idea de que no era
necesario beber".

———

De *Voices of Long-Term Sobriety*

13 DE ABRIL

"Cuarta Tradición"

BILL W., COFUNDADOR DE AA,
MARZO DE 1948

———

"Aquellos graves dolores de crecimiento que son la invariable secuela de una desviación radical de la Tradición de AA volverán a poner en el buen camino al grupo equivocado. No hay necesidad de que un grupo de AA sea coaccionado por ningún gobierno humano aparte de sus propios miembros. Su propia experiencia, más la opinión de los demás grupos de AA de los alrededores, más la orientación divina manifestada en la conciencia de grupo, sería suficiente".

———

De *El lenguaje del corazón*

14 DE ABRIL

"Una forma de empezar"

GRAND ISLAND, NEBRASKA, FEBRERO DE 1984

———

"El apadrinamiento es un puente para confiar en la raza humana, esa misma a la que una vez renunciamos. Al aprender a confiar fortalecemos nuestra sobriedad".

———

Del AA Grapevine

15 DE ABRIL

"Se gane o se pierda"

ESCONDIDO, CALIFORNIA, AGOSTO DE 2001

———

"Mi padrino ... me dio un buen consejo:
'Elimina las palabras *éxito y fracaso*
de tu vocabulario. Reemplázalas por
honestidad y esfuerzo'".

———

De *Emotional Sobriety*

16 DE ABRIL

"Un caballero inglés"

CLEVEDON, SOMERSET, INGLATERRA,
DICIEMBRE DE 1999

———

"Me esfuerzo por mantenerlo
simple, ya que, a mayor simplicidad,
mayor felicidad".

———

De *Voices of Long-Term Sobriety*

17 DE ABRIL

"Lo verdadero"

NUEVA YORK, NUEVA YORK, FEBRERO DE 2001

———

"Como individuo, soy tan pequeño que, prácticamente, no tengo razón de ser en el universo; es casi como si no existiera. Pero sí existo. Si bien soy pequeño, no estoy totalmente desprovisto de significado".

———

De *Voices of Long-Term Sobriety*

18 DE ABRIL

"Por qué Alcohólicos Anónimos es anónimo"

BILL W., COFUNDADOR DE AA,
ENERO DE 1955

———

"Descubrimos que cada uno de nosotros tenía que estar dispuesto a hacer sacrificios ... para nuestro bienestar común".

———

De *El lenguaje del corazón*

19 DE ABRIL

"Completamente Richard"

SANTA CRUZ, CALIFORNIA, ABRIL DE 1998

———

"El espíritu de AA ha estado conmigo ...
para bien o para mal, en la riqueza
y en la pobreza, en la salud y en la
enfermedad".

———

De *Voices of Long-Term Sobriety*

20 DE ABRIL

"Este asunto de la honradez"

BILL W., COFUNDADOR DE AA,
AGOSTO DE 1961

———

"El engaño a otros casi siempre tiene sus raíces en el engaño de nosotros mismos".

———

De *El lenguaje del corazón*

21 DE ABRIL

"La verdad"

CAYO HUESO, FLORIDA, AGOSTO DE 1973

———

"La verdad es al espacio interior lo que la luz del sol a un jardín".

———

22 DE ABRIL

"De fantasía a creencia"

CHARLESTON, VIRGINIA OCCIDENTAL,
JUNIO DE 1981

———

"Me alivió saber que no tenía
que creer, sólo estar dispuesto a creer.
Eso sí podía hacer".

———

De *Voices of Long-Term Sobriety*

23 DE ABRIL

"Períodos de verdadera alegría"

BILL W., COFUNDADOR DE AA, REIMPRESO
EN JULIO DE 1993

———

"Algunos piensan que Dios nos dio la vida
sólo para que seamos felices, pero yo no
comparto esa opinión. Creo que su
objetivo era que crezcamos y que permite
que suframos porque el dolor es la piedra
de toque de todo. La felicidad, al menos,
la satisfacción, es un subproducto de
tratar de crecer verdaderamente. Y los
períodos de verdadera alegría no son sino
el resultado ocasional de ese proceso.
En la eternidad, alcanzaremos nuestra
meta. Mientras tanto, somos como
peregrinos en un sendero — uno que
sabemos conduce a los brazos de Dios".

———

Del *AA Grapevine*

24 DE ABRIL

"Fuerza centrífuga"

NUEVA YORK, NUEVA YORK, ABRIL DE 2004

———

"En AA, necesito avanzar constante y lentamente, acercándome cada vez más al centro para no salir despedido de la rueda descontrolada que es mi vida".

———

De *Beginners' Book*

25 DE ABRIL

"Algo más será revelado"
PORTLAND, OREGON, OCTUBRE DE 1998

———

"AA me atrajo porque no excluía a nadie, y agradezco las lecciones que me enseñó con el correr de los años: que hemos dejado de pelearnos con todo y con todos; que son los detalles de mis acciones lo que me define; que mi percepción de la vida está en constante evolución; que las 'sugerencias' básicas que recibí cuando me uní a la Comunidad son mis compañeras de vida y que, si continúo siendo miembro activo de AA, más será revelado".

———

De *Voices of Long-Term Sobriety*

26 DE ABRIL

"El liderazgo en AA: siempre una necesidad vital"

BILL W., COFUNDADOR DE AA,
ABRIL DE 1959

"Siempre hay críticos constructivos,
son nuestros verdaderos amigos.
Siempre debemos escucharlos con
cuidadosa atención".

De *El lenguaje del corazón*

27 DE ABRIL

"De mendigo a millonario"
CORNWALL, ONTARIO, ENERO DE 2005

———

"La serenidad y la paz mental son el resultado directo de aceptar nuestras vidas tal y como son en este preciso momento, y todo el dinero del mundo no puede comprar ese tipo de paz".

———

De *Voices of Long-Term Sobriety*

28 DE ABRIL

"La próxima frontera: la sobriedad emocional"

BILL W., COFUNDADOR DE AA,
ENERO DE 1958

———

"No podría aprovechar el amor de Dios mientras no pudiera devolvérselo amando a mis prójimos como Él quería que yo hiciera. Y esto no lo podría hacer mientras siguiera siendo víctima de falsas dependencias".

———

De El lenguaje del corazón

29 DE ABRIL

"Tomarse el tiempo de escuchar"

JACKSONVILLE BEACH, FLORIDA,
DICIEMBRE DE 1997

———

"Cuando mire a los ojos a quien esté
a mi lado y le pregunte '¿Cómo estás?',
me tomaré el tiempo de escuchar
la respuesta. Debo recordar que todos
podemos necesitar, en cualquier
momento, el mismo amor y respaldo
que quien asiste a su primera reunión".

———

De *Voices of Long-Term Sobriety*

30 DE ABRIL

"Por qué sigo viniendo"

TOLEDO, OHIO, MAYO DE 2001

———

"Cada recuperación, aunque
pase inadvertida, mejora el mundo
de alguna forma".

———

De *Voices of Long-Term Sobriety*

MAYO

1.º DE MAYO

"Perdonarse a sí mismo"
MEMPHIS, TENNESSEE, OCTUBRE DE 1977

———

"En sí misma, la experiencia de sincerarme totalmente por primera vez ante un miembro de AA me drenó y me dejó aturdido. Al recobrar la sensibilidad, me di cuenta de que algo había cambiado en mi interior. Fue la primera vez que, en AA, logré sentir la luz del amor de Dios sobre mis heridas —y verdadera paz mental—".

———

De *Step By Step*

2 DE MAYO

"Una larga conversación"

SECUNDERABAD, INDIA, DICIEMBRE DE 1982

———

"No puedo describir con precisión cuán liviano me siento desde que di el Quinto Paso y lo bien que duermo en la noche".

———

De *Step By Step*

3 DE MAYO

"A-Y-U-D-A"

PHOENIX, ARIZONA, ABRIL DE 2011

———

"Mayor humildad, conexión, y confianza,
son las recompensas de pedir ayuda y
bien valen el esfuerzo".

———

Del *AA Grapevine*

4 DE MAYO

"Quinta Tradición"

BILL W., COFUNDADOR DE AA,

ABRIL DE 1948

"Sólo podemos obrar con la máxima
potencia y el mayor efecto si nos
aferramos al objetivo espiritual
primordial de AA: el de llevar su mensaje
al alcohólico que aún sufre del
alcoholismo".

De *El lenguaje del corazón*

5 DE MAYO

"Mi libertad comenzó en la cárcel"

UNIVERSAL CITY, CALIFORNIA,
FEBRERO DE 1970

———

"Mientras más dispuesto estoy a
aprender, más cosas buenas me suceden".

———

Del *AA Grapevine*

6 DE MAYO

"La dirección de los asuntos mundiales de AA"

BILL W., COFUNDADOR DE AA,
ENERO DE 1966

———

"Todo progreso en AA se puede calcular en términos de sólo dos palabras: humildad y responsabilidad".

———

De *El lenguaje del corazón*

7 DE MAYO

"Un mensaje unificado de recuperación"

DECATUR, GEORGIA, MAYO DE 1994

———

"Es nuestra experiencia como alcohólicos lo que nos otorga un valor único. Podemos acercarnos a quienes sufren de una manera inigualable".

———

Del AA Grapevine

8 DE MAYO

"La libertad bajo Dios: nos corresponde a nosotros elegir"

BILL W., COFUNDADOR DE AA,
NOVIEMBRE DE 1960

———

"Sólo la confianza mutua puede ser la base del gran amor: el que sentimos para con todos nuestros compañeros, y el que todos sentimos para con Dios".

———

De *El lenguaje del corazón*

9 DE MAYO

"¿Para qué sirve el grupo base?"

NEOSHO, MISURI, SEPTIEMBRE DE 1986

———

"No fueron las maravillosas personas
que conocí a lo largo de este fantástico
territorio quienes me ayudaron a
mantenerme sobrio la mayor parte del
tiempo. Fueron las increíbles personas
que, sentadas alrededor de una mesa
en mi ciudad, me amaron cuando
yo no podía amar, esperaron a que
dejara de mentir, y me toleraron cuando
no quería formar parte de nada y
nunca me rechazaron cuando resultaba
insoportable. Gracias a su amor y
a su paciencia, pude salir de mí mismo
y comprometerme, como pude,
con el grupo".

———

De *El grupo base*

10 DE MAYO

"Aquí y ahora"

SANTA BÁRBARA, CALIFORNIA,
SEPTIEMBRE DE 1960

———

"El mañana, en su totalidad, no es más
que una extensión del aquí y ahora".

———

Del AA Grapevine y AA in Prison:
Inmate to Inmate

11 DE MAYO

"¿Por qué no podemos unirnos a AA nosotros también?"

BILL W., COFUNDADOR DE AA,
OCTUBRE DE 1947

———

"Somos alcohólicos. Aunque ahora estamos recuperados, nunca estamos muy lejos de la posibilidad de un nuevo desastre personal. Cada uno sabe que tiene que comportarse con un alto grado de honradez, humildad y tolerancia; si no, volverá a beber".

———

De El lenguaje del corazón

12 DE MAYO

"Aprender a lidiar con la sobriedad"

CONNECTICUT, MARZO DE 1975

———

"Rechazamos las fantasías y aceptamos
la realidad. Y nos parece hermosa, porque
al fin estamos en paz con nosotros
mismos. Y con los demás. Y con Dios".

———

De *Lo mejor del Grapevine, Volumen II*

13 DE MAYO

"8½"

BOWLING GREEN, KENTUCKY, OCTUBRE DE 1986

———

"Cuando reconozco mis propios defectos en el otro, el conflicto que nos enfrenta desaparece".

———

14 DE MAYO

"Si no logras vivir ni morir, ¡prepara café!"

FREEPORT, NUEVA YORK, SEPTIEMBRE DE 1988

———

"¿Por qué te centras en lo que no puedes hacer? ¿Por qué no mejor te centras en lo que sí puedes hacer y lo haces?"

———

De *El grupo base*

15 DE MAYO

"Comentarios sobre las ideas de Wylie"

DR. HARRY TIEBOUT, SEPTIEMBRE DE 1944

———

"Una experiencia espiritual, o religiosa, es el acto por el que dejamos de confiar en nuestra propia omnipotencia".

———

De *El lenguaje del corazón*

16 DE MAYO

"Muy lejos de casa"

MORATUWA, SRI LANKA, SEPTIEMBRE DE 1994

———

"Me dijeron que, cuando lograse estar sobrio, mis actos me mostrarían la forma correcta de pensar, pero mis pensamientos nunca me revelarían la manera apropiada de actuar".

———

De AA Around the World

17 DE MAYO

"Conócete a ti mismo"

POUGHKEEPSIE, NUEVA YORK, JULIO DE 2011

———

"Necesito recordar cuán humillado, confundido, inseguro y atemorizado me sentí en mi primera reunión, y compararlo con cómo me siento hoy".

———

Del *AA Grapevine*

18 DE MAYO

"Tan sólo sigue adelante"
NEW CANAAN, CONNECTICUT, ABRIL DE 1976

————

"Tratar de resolverlo todo mentalmente me genera olas de miedo, ansiedad y autorreproche. En vez de eso, me pregunto: '¿Qué puedo hacer por mí mismo y por los demás hoy?'"

————

De Lo mejor del Grapevine, Volumen I

19 DE MAYO

"Ciudadanos de nuevo"

BILL W., COFUNDADOR DE AA,
SEGÚN CITA DE JUNIO DE 1975

———

"En AA, nuestro objetivo no es
únicamente la sobriedad: tratamos de
hacernos nuevamente ciudadanos
del mundo que una vez rechazamos, y
que un día nos rechazó".

———

Del AA Grapevine

20 DE MAYO

"Las personas y los principios"

JACKSON, MICHIGAN, OCTUBRE DE 1971

———

"Los seres humanos van y vienen, pero los principios son eternos".

———

De Lo mejor del Grapevine, Volumen II

21 DE MAYO

"Paso a paso"

BINGHAMTON, NUEVA YORK, JULIO DE 1967

———

"Construyo hoy el camino que atravesaré mañana".

———

Del *AA Grapevine*

22 DE MAYO

"Una brillante promesa"
ATLANTA, GEORGIA, JULIO DE 1956

———

"Lo más difícil para un ser humano
es verse a sí mismo tal y como es
internamente".

———

Del *AA Grapevine* y *AA in Prison:*
Inmate to Inmate

23 DE MAYO

"Un Dios más grande"
LOS ÁNGELES, CALIFORNIA, MARZO DE 2002

———

"Cuando estoy asustada, mi madrina siempre me dice: 'Quizá deberías conseguirte un Dios más grande'".

———

De *Beginners' Book*

24 DE MAYO

"Llegamos a nuestra mayoría de edad"

BILL W., COFUNDADOR DE AA,
SEPTIEMBRE DE 1950

———

"Simplicidad, dedicación, tenacidad,
y lealtad: estos eran los rasgos del
carácter que el Dr. Bob había inculcado
en tantos de nosotros".

———

De *El lenguaje del corazón*

25 DE MAYO

"Tus depresiones: saca algo positivo de ellas"

NUEVA YORK, NUEVA YORK, AGOSTO DE 1948

———

"Todavía soñaremos despiertos....
Pero estos serán sueños constructivos,
en vez de meros delirios".

———

De *Lo mejor del Grapevine, Volumen I*

26 DE MAYO

"Amor"

NORTH HOLLYWOOD, CALIFORNIA,
SEPTIEMBRE DE 1988

———

"Cuando nos esforzamos por amar
a los que consideramos difíciles de amar,
nos damos cuenta de cuán expansivo
es el amor".

———

De *Lo mejor del Grapevine, Volumen III*

27 DE MAYO

"Una nueva forma de vida"

CHICAGO, ILLINOIS, JULIO DE 1946

———

"A través de los Doce Pasos, AA no nos
ofrece una teoría, ni una hipótesis,
ni una esperanza religiosa, como tampoco
—gracias a Dios— deseos o ilusiones
vacías; nos brinda un registro histórico
de cómo más de 25,000 (ahora más
de 2,000,000) alcohólicos alcanzaron
la sobriedad".

———

Del *AA Grapevine*

28 DE MAYO

"Responsabilidad es el nombre del juego"

VAN NUYS, CALIFORNIA, NOVIEMBRE DE 1966

———

"Soy responsable de levantarme todos los días y esforzarme por superar la adversidad, y al hacerlo, superarme a mí mismo".

———

De Lo mejor del Grapevine, Volumen I

29 DE MAYO

"Quinta Tradición: lo que un grupo 'debería' ser"

MAYO DE 2006

———

"Lo que fortalece la espiritualidad del grupo refuerza la mía, y viceversa".

———

Del *AA Grapevine*

30 DE MAYO

"Los médicos"

BILL W., COFUNDADOR DE AA, AGOSTO DE 1957

———

"Las experiencias espirituales verdaderamente transformadoras casi siempre se basan en la calamidad y el fracaso total".

———

De *El lenguaje del corazón*

31 DE MAYO

"A esto se le llama unidad"

PISCATAWAY, NUEVA JERSEY, ENERO DE 1992

"Oro por ser cada vez menos egoísta, lo suficientemente como para que me importen las vidas de los alcohólicos, donde sea que estén —los presentes y los futuros—".

Del *AA Grapevine*

JUNIO

1.º DE JUNIO

"Este asunto del miedo"

BILL W., COFUNDADOR DE AA,
ENERO DE 1962

———

"Antes de llegarme la fe, vivía como
un extraño en un cosmos que,
con demasiada frecuencia, me parecía
hostil y cruel".

———

De *Lo mejor de Bill*

2 DE JUNIO

"Toda una nueva perspectiva de la vida"

DAR-ES SALAAM, TANZANIA,
DICIEMBRE DE 1978

———

"No he resuelto todos los problemas
que generé cuando me ocultaba
en la neblina de la bebida. Pero ahora
tengo el coraje suficiente como para
enfrentarlos directamente".

———

De AA Around the World

3 DE JUNIO

"Los servicios hacen funcionar a AA"

BILL W., COFUNDADOR DE AA,
NOVIEMBRE DE 1951

———

"En la cocina se prepara el café; en el hospital se desintoxica al alcohólico enfermo; en la sede general se difunde el mensaje de AA.... Todo esto simboliza AA en acción. Porque acción es la palabra mágica de Alcohólicos Anónimos".

———

De Lo mejor del Grapevine, Volumen I

4 DE JUNIO

"Cultivar la tolerancia"

DR. BOB, COFUNDADOR DE AA,
JULIO DE 1944

———

"Los que siguen el programa de AA
con la mayor sinceridad y empeño
no sólo se mantienen sobrios, sino que
también suelen adquirir cualidades
y actitudes admirables. Una de ellas es
la tolerancia".

———

De *Lo mejor del Grapevine, Volumen I*

5 DE JUNIO

"Un sentimiento de asombro"

SEATTLE, WASHINGTON, JUNIO DE 1968

———

"Lo que antes me mantenía despierto
por la noche, ahora ya no me molesta
porque puedo contrastarlo con el telón
de fondo de la eternidad. El largo y
solitario invierno que fue mi alcoholismo
se convirtió en primavera —en
el renacimiento, en la renovación
de mi vida—".

———

De *Spiritual Awakenings*

6 DE JUNIO

"Amor"

FAIRFIELD, CONNECTICUT, MARZO DE 1980

"No es que, hoy en día, me pare
en las esquinas a expresarle mi amor a
todo el mundo. Pero, en una reunión
de AA o en cualquiera de sus encuentros,
sé que estoy en el tipo de comunidad
amorosa que cada terapia, religión
y filosofía, busca desesperadamente.
El amor nos une".

De *Spiritual Awakenings*

7 DE JUNIO

"El Sexto Paso"
NUEVA YORK, NUEVA YORK, SEPTIEMBRE DE 1970

———

"Ahora puedo admitir que la mayoría de mis problemas nacen de un defecto grande y obvio: el egocentrismo".

———

De Lo mejor del Grapevine, Volumen II

8 DE JUNIO

"Cartas al lector"

TAMPA, FLORIDA, MAYO DE 1945

———

"Una buena pregunta que me hago
frecuentemente es: '¿Qué estoy buscando,
consejo o aprobación?'"

———

De *Thank You for Sharing*

9 DE JUNIO

"La línea invisible"

REDWOOD CITY, CALIFORNIA, ABRIL DE 1993

———

"En AA, hablamos sobre cruzar la línea invisible hacia el alcoholismo. ¿Y qué hay sobre cruzar la línea invisible hacia el programa de Alcohólicos Anónimos?"

———

De *Thank You for Sharing*

10 DE JUNIO (DÍA DE LOS FUNDADORES)

"El Dr. Bob: futuro cofundador de AA"

BILL W., COFUNDADOR DE AA,
JUNIO DE 1965

———

"Sabía que necesitaba al alcohólico tanto como él a mí. Y este toma y dame es fundamental en todo el trabajo que implica el Duodécimo Paso de AA hoy en día. Era la manera correcta de transmitir el mensaje. El eslabón que faltaba estaba delante de mí: lo hallé en mi primera charla con el Dr. Bob".

———

Del AA Grapevine

11 DE JUNIO

"Hacer lugar para crecer"
CANAAN, CONNECTICUT, JUNIO DE 1997

———

"En vez de mirar hacia mi lúgubre pasado, espero la llegada de un brillante futuro, porque finalmente me estoy haciendo cargo de mi vida".

———

De *Step By Step*

12 DE JUNIO

"Entregarse"

ATLANTA, GEORGIA, FEBRERO DE 1990

———

"No cambiar es no adaptarse; no adaptarse es extinguirse".

———

De Lo mejor del Grapevine, Volumen III

13 DE JUNIO

"¿Qué es la aceptación?"
BILL W., COFUNDADOR DE AA,
MARZO DE 1962

———

"Nuestro primer problema es aceptar nuestras actuales circunstancias tales como son, a nosotros mismos tales como somos, y a la gente alrededor nuestro tal como es. Esto es adoptar una humildad realista, sin la cual no se puede ni tan solo comenzar a hacer auténticos progresos".

———

De Lo mejor del Grapevine, Volumen I

14 DE JUNIO

"La libertad bajo Dios: nos corresponde a nosotros elegir"

BILL W., COFUNDADOR DE AA,
NOVIEMBRE DE 1960

———

"Nunca debemos dejarnos cegar por la vana filosofía de que no somos sino desventuradas víctimas de nuestra herencia, de nuestra experiencia y de nuestras circunstancias —que estas son las únicas fuerzas que deciden por nosotros—. Tenemos que creer que realmente podemos elegir".

———

De *El lenguaje del corazón*

15 DE JUNIO

"Aceptar el espíritu"
BÚFALO, NUEVA YORK, NOVIEMBRE DE 1995

———

"Ya no creo que lavar los platos sea una tarea desagradable. Creo que es una oportunidad para meditar. Me concentro en eso y no en lo que haré luego. Lo más importante es lo que está frente a mí —ahora—".

———

De *Spiritual Awakenings*

16 DE JUNIO

"La guardiana de AA: nuestra Conferencia de Servicios Generales"

BILL W., COFUNDADOR DE AA,
ABRIL DE 1958

———

"La historia de AA nos ha enseñado que, cuando se presenta una necesidad apremiante, siempre se ve satisfecha. En este aspecto, estoy totalmente convencido de que nuestra historia seguirá repitiéndose".

———

De *El lenguaje del corazón*

17 DE JUNIO

"Doce puntos sugeridos para la Tradición de AA"

BILL W., COFUNDADOR DE AA,
ABRIL DE 1946

———

"Puesto que la calamidad personal ya no nos mantiene cautivos, nuestro más urgente y estimulante interés en el presente es el que tenemos por el futuro de Alcohólicos Anónimos; cómo preservar entre nosotros, los AA, una unidad tan sólida que ni las debilidades personales ni la presión y discordia de esta época turbulenta puedan perjudicar nuestra causa común".

———

De *El lenguaje del corazón*

18 DE JUNIO

"Responsabilidad (sustantivo): la habilidad de responder".

BRONX, NUEVA YORK, SEPTIEMBRE DE 1983

———

"La responsabilidad es un regalo; y, aunque no estamos obligados a aceptarlo, jamás lograremos sentir la paz, la seguridad y el amor de una sobriedad vital hasta que lo hagamos".

———

De *I Am Responsible*

19 DE JUNIO

"La palabra más hermosa del idioma español"

LOMBARD, ILLINOIS, FEBRERO DE 1995

———

"No beber es el primer requisito para la alegría; el segundo es la gratitud".

———

De *In Our Own Words*

20 DE JUNIO

"Compasión"

GATES MILLS, OHIO, SEPTIEMBRE DE 1975

———

"Sólo al dar podemos recibir
completamente".

———

Del *AA Grapevine*

21 DE JUNIO

"Mi nombre es Helen"

FLORIDA, JULIO DE 1977

———

"Empecé a confiar en mis amigos lo suficiente como para apoyarme en ellos".

———

Del *AA Grapevine*

22 DE JUNIO

"La verdad"

CAYO HUESO, FLORIDA, AGOSTO DE 1973

———

"El mundo de la verdad es el de lo real. Es la habitación en la que estoy sentado, el gatito que duerme, el trabajo que debo hacer. Es el aquí. Es el ahora".

———

Del *AA Grapevine*

23 DE JUNIO

"La próxima frontera: la sobriedad emocional"

BILL W., COFUNDADOR DE AA,
ENERO DE 1958

———

"Las satisfacciones emocionales e instintivas nos vienen como dividendos de sentir el amor, ofrecer el amor, y expresar un amor apropiado para cada relación de nuestra vida".

———

De *El lenguaje del corazón*

24 DE JUNIO

"No en llamas"

MESA, ARIZONA, MARZO DE 2010

———

"Sin importar qué suceda en mi vida, sin importar cuán mal parezcan estar las cosas, siempre puedo hallar algo por lo que estar agradecido, si busco bien".

———

De *Emotional Sobriety II*

25 DE JUNIO

"Diez minutos de unión"

SAN MATEO, CALIFORNIA, DICIEMBRE DE 1995

————

"No estoy aquí para cambiar a Alcohólicos Anónimos. AA está aquí para cambiarme a mí".

————

De *In Our Own Words*

26 DE JUNIO

"Apoyar la recuperación"
RALEIGH, CAROLINA DEL NORTE, ENERO DE 2000

———

"Si seguimos nuestras Tradiciones,
sobreviviremos y, espero, creceremos.
Las Tradiciones nos indican que debemos
servir, no gobernar; atraer, no
promocionar; transmitir el mensaje,
no forzar su aceptación; mantener vivos
los Tres Legados: la Recuperación, la
Unidad y el Servicio. Éstas son nuestra
salvación".

———

De *I Am Responsible*

27 DE JUNIO

"Por qué Alcohólicos Anónimos es anónimo"

BILL W., COFUNDADOR DE AA,
ENERO DE 1955

———

"El verano pasado, visité el cementerio
de Akron donde yacen Bob y Anne.
La sencilla lápida no dice ni una palabra
acerca de Alcohólicos Anónimos. Eso
me alegró tanto que lloré".

———

De *Lo mejor del Grapevine, Volumen I*

28 DE JUNIO

"La dimensión más profunda"
DENVER, COLORADO, SEPTIEMBRE DE 1993

———

"Todos somos importantes, pero no por
las razones que creemos".

———

Del *AA Grapevine*

29 DE JUNIO

"La única revolución"

ABRIL DE 1976

———

"La cordura empieza por aceptar
mentalmente la realidad".

———

Del AA Grapevine

30 DE JUNIO

"El poder del bien"

PASADENA, CALIFORNIA, ABRIL DE 1978

———

"Hoy intento hacer lo que puedo
para dar amor. ¿Puede haber algo más
importante que eso?"

———

De *Spiritual Awakenings*

JULIO

1.º DE JULIO

"Este asunto del miedo"

BILL W., COFUNDADOR DE AA,
ENERO DE 1962

———

"La piedra fundamental de la liberación
del miedo es la fe: una fe que, a pesar
de las apariencias mundanas en contra,
me hace creer que vivo en un universo
que tiene sentido".

———

De Lo mejor de Bill

2 DE JULIO

"Una nueva verdad"
LOS ÁNGELES, CALIFORNIA, MAYO DE 1966

———

"AA no es un lugar; es una actitud
mental, una calidez del corazón, una
cuarta dimensión espiritual en la que
las cosas materiales no pueden tener
la prioridad".

———

De *Thank You for Sharing*

3 DE JULIO

"Saborear nuestra sobriedad"

NORTH HOLLYWOOD, CALIFORNIA,
AGOSTO DE 1982

———

"En algún momento de cada día, los alcohólicos en recuperación necesitamos pasar tiempo con nosotros mismos".

———

De *Emotional Sobriety*

4 DE JULIO

"Otro ser humano"

OCEANSIDE, NUEVA YORK, MAYO DE 2012

———

"Me dijeron que, cuando comenzara mi propio viaje a través de los Doce Pasos, hallaría a Dios en el lugar más impensado: parado justo en medio de la verdad sobre mí mismo".

———

Del *AA Grapevine*

5 DE JULIO

"Lo más atemorizante"

CARLSBAD, CALIFORNIA, JUNIO DE 2006

———

"El grupo al que me uní me salvó la vida. ... Durante una hora, estuve segura. Durante una hora, me refugiaba entre aquellos cuyo miedo una vez había sido tan grande como el mío. No les entregué mi miedo — ellos lo tomaron—. Lograron que se me escape de las manos con abrazos y risas, con experiencias compartidas".

———

De *Emotional Sobriety*

6 DE JULIO

"El Séptimo Paso"

BRIGHTON, COLORADO, NOVIEMBRE DE 1970

"Mi disposición a que se me liberase de mis defectos de carácter aumentó cuando me di cuenta de que mi crecimiento espiritual sería escaso o nulo y continuaba aferrándome a mis viejas ideas y defectos".

De Lo mejor del Grapevine, Volumen II

7 DE JULIO

"Los ganadores y los llorones"
PORT TOWNSEND, WASHINGTON,
OCTUBRE DE 1994

———

"Cuando la vida es fácil, suelo pensar que es la voluntad de Dios y me siento bastante espiritual. Pero, cuando estoy turbado emocionalmente, doy por sentado que la vida es terrible y que Dios está ocupado con otras cosas".

———

De *Emotional Sobriety*

8 DE JULIO

"La verdad"

CAYO HUESO, FLORIDA, AGOSTO DE 1973

———

"El esfuerzo por escapar de la verdad es el padre de la ansiedad".

———

De *Lo mejor del Grapevine, Volumen I*

9 DE JULIO

"¿Qué es la aceptación?"

BILL W., COFUNDADOR DE AA,
MARZO DE 1962

————

"Ni huimos ni peleamos. Pero sí
aceptamos. Y entonces nos liberamos".

————

De *El lenguaje del corazón*

10 DE JULIO

"No lo postergues"

ST. PAUL, MINNESOTA, OCTUBRE DE 1952

———

"Creo que el valor que un ser humano
tiene para sí mismo es la suma
total de sus reacciones positivas a las
pequeñas cosas de la vida".

———

De *Thank You for Sharing*

11 DE JULIO

"Este asunto del miedo"

BILL W., COFUNDADOR DE AA,
ENERO DE 1962

———

"A medida que crece la fe, aumenta
nuestra seguridad interior".

———

De *Lo mejor de Bill*

12 DE JULIO

"Este asunto de la honradez"

BILL W., COFUNDADOR DE AA,
AGOSTO DE 1961

———

"La verdad ... corta las cadenas de la esclavitud del alcohol. Continúa liberándonos de incontables conflictos y penas; destierra el miedo y la soledad".

———

De *Lo mejor de Bill*

13 DE JULIO

"¿De verdad estamos dispuestos a cambiar?"

NUEVA YORK, NUEVA YORK, DICIEMBRE DE 1980

———

"Enfrentarnos a nosotros
mismos ... suele ser más difícil que
ser honesto con otros".

———

De *Step By Step*

14 DE JULIO

"Este asunto de la honradez"

BILL W., COFUNDADOR DE AA,
AGOSTO DE 1961

———

"Precisamente cuándo y cómo decimos
la verdad, o nos quedamos callados,
puede revelar la diferencia entre la
auténtica integridad y la total falta de
la misma".

———

De Lo mejor de Bill

15 DE JULIO

"Mi ego, alterado"

ROCHESTER, NUEVA YORK, OCTUBRE DE 1979

———

"Es muy difícil guiar un auto estacionado
para que avance, sin importar
en qué dirección queramos ir. (...) Lo que
quiero decir es que, para que
me pudiesen guiar, primero tuve
que emprender un camino".

———

De *Step By Step*

16 DE JULIO

"El valor de la vida"

BLYTHE, CALIFORNIA, JUNIO DE 2005

———

"Me di cuenta de que las pequeñas cosas
que daba por sentado todos los días
eran las que más significado tenían".

———

De *Emotional Sobriety*

17 DE JULIO

"Una sensación extraordinaria"

THOMPSON, PENSILVANIA, MARZO DE 1997

———

"Seguir un camino espiritual es cada
vez más esencial para mí. Tenía miedo
de que implementar el Tercer Paso me
condenase a una vida de resignado
sacrificio personal. Pero me di cuenta de
que, en realidad, me otorga la libertad
de pensar y de actuar como
verdaderamente soy".

———

De *Emotional Sobriety*

18 DE JULIO

"La relación del individuo con AA como grupo"

BILL W., COFUNDADOR DE AA,
JULIO DE 1946

———

"Había estado viviendo muy aislado,
muy alejado de mis compañeros y muy
sordo a esa voz interior".

———

De *El lenguaje del corazón*

19 DE JULIO

"Disfrutar del anonimato"

SEATTLE, WASHINGTON, ENERO DE 1992

―――

"La humildad es un logro personal;
no es algo que alguien nos pueda dar.
Empieza como un brillo fugaz y crece
como un cristal de hielo. Además,
es frágil: requiere cuidados y protección
constante".

―――

De *El grupo base*

20 DE JULIO

"La dádiva más grande de todas"

BILL W., COFUNDADOR DE AA,
DICIEMBRE DE 1957

———

"Sin importar ... los éxitos o los fracasos
mundanos, las penas o los placeres,
la enfermedad o la salud, e incluso la
muerte, podemos llevar una vida
de posibilidades ilimitadas si estamos
dispuestos a perseverar en nuestro
despertar implementando los Doce
Pasos de AA".

———

De *El lenguaje del corazón*

21 DE JULIO

"Los Pasos son el programa"
RIVERSIDE, ILLINOIS, JULIO DE 1975

————

"No existen el tú, el yo o el ellos.
Todo está conectado, y la salvación
de cada uno está vinculada con
la salvación de todos".

————

Del *AA Grapevine*

22 DE JULIO

"Los fundamentos en retrospectiva"

DR. BOB, COFUNDADOR DE AA,
SEPTIEMBRE DE 1948

———

"Todos escuchamos y fuimos testigos
de milagros: la sanación de personas
quebrantadas, la reconstrucción de
hogares rotos. Y siempre fue el trabajo
constructivo y personalizado que implica
el Paso Doce sobre la base de una eterna
fe divina, el que los hizo posibles".

———

De *Spiritual Awakenings*

23 DE JULIO

"Un día a la vez"

NUEVA YORK, NUEVA YORK, JUNIO DE 2009

———

"Lo único que podía ahuyentar
mi enfermedad era el sol que anunciaba
otra mañana. Igual que cuando
contaba los días y, al levantarme,
pensaba: ¡Eso, lo logré!".

———

De *Emotional Sobriety II*

24 DE JULIO

"Nuestro lema: la responsabilidad"

BILL W., COFUNDADOR DE AA,
JULIO DE 1965

———

"La esencia de todo progreso es la buena disposición para hacer los cambios que conducen a lo mejor y luego la resolución de aceptar cualquier responsabilidad que estos cambios nos entrañen".

———

De *El lenguaje del corazón*

25 DE JULIO

"La recuperación es un mundo maravilloso"

BROOKLYN, NUEVA YORK, JULIO DE 2010

———

"Aprendí que no soy responsable
por la felicidad de nadie, salvo la mía.
Pero más importante que eso,
aprendí que la felicidad verdadera
es un trabajo interno".

———

De *Emotional Sobriety II*

26 DE JULIO

"La fe de creer en lo real"
CAYO HUESO, FLORIDA, JULIO DE 1972

———

"El salto de fe debe darse una y otra vez
sobre distancias cada vez mayores".

———

Del *AA Grapevine*

27 DE JULIO

"Este asunto de la honradez"

BILL W., COFUNDADOR DE AA,

AGOSTO DE 1961

———

"Si no me hubiera visto dotado de consejeros tan sabios y cariñosos, me habría vuelto loco hace mucho tiempo".

———

De Lo mejor de Bill

28 DE JULIO

"Algo revolucionario"

NAIROBI, KENIA, ABRIL DE 1998

———

"Puede que AA me ayude a entrar al cielo, o quizás no lo haga, pero lo seguro es que me sacó del infierno".

———

De *AA Around the World*

29 DE JULIO

"Crecimiento"

HOUSTON, TEXAS, JUNIO DE 1976

———

"Usualmente soy el ochenta por ciento del problema. Bueno, quizás el sesenta por ciento; soy la mayor parte, eso por seguro. Si me deshago del mayor porcentaje (yo), casi no hay problema alguno".

———

De *Emotional Sobriety*

30 DE JULIO

"Los Pasos de AA conducen al despertar espiritual"

HANKINS, NUEVA YORK, MAYO DE 1967

———

"No se debe posponer la experiencia de la realidad".

———

De *Spiritual Awakenings*

31 DE JULIO

"Saborear nuestra sobriedad"

NORTH HOLLYWOOD, CALIFORNIA,
AGOSTO DE 1982

———

"Ya que cada uno de nosotros, en cualquier ocasión, es la suma total de cada decisión que alguna vez tomó, no es mera fantasía esperar que cada día sea el mejor vivido en ese momento".

———

De *Emotional Sobriety*

1.° DE AGOSTO

"La próxima frontera: la sobriedad emocional"

BILL W., COFUNDADOR DE AA,
ENERO DE 1958

––––––

"Si analizamos toda inquietud que
sentimos, las grandes y las pequeñas,
encontraremos en su origen alguna
dependencia malsana y la exigencia
malsana derivada de esta dependencia.
Abandonemos, con la gracia de Dios,
estas exigencias obstaculizadoras".

––––––

De *El lenguaje del corazón*

2 DE AGOSTO

"Nuestro lema: la responsabilidad"

BILL W., COFUNDADOR DE AA,
JULIO DE 1965

———

"Al oír a alguien criticar a Alcohólicos Anónimos, nos sentimos asombrados, desconcertados y airados. Es probable que nos deje tan trastornados que no podemos sacar ningún provecho de la crítica constructiva. Está bien claro que esta especie de resentimiento no nos gana amistades y no tiene ningún propósito constructivo. En esta esfera, sin duda podríamos mejorar".

———

De *El lenguaje del corazón*

3 DE AGOSTO

"Actitud luchadora"

QUOGUE, NUEVA YORK, DICIEMBRE DE 1963

———

"Nunca se sabe, hasta no salir y pasarlo, cómo va a ser cada día, pero la forma de hacerlo de seguro hace la diferencia".

———

Del *AA Grapevine*

4 DE AGOSTO

"Aceptar la verdad"

CLEVELAND, OHIO, FEBRERO DE 1993

———

"Tuve que enfrentar mi pasado,
un episodio a la vez, y tener la voluntad
de presenciar la verdad. El dolor y
el miedo eran como troles debajo de un
puente, listos para salir y desafiar mi
autoestima".

———

Del *AA Grapevine*

5 DE AGOSTO

"Humildad para hoy"

BILL W., COFUNDADOR DE AA,
JUNIO DE 1961

———

"La humildad perfecta sería un estado de total liberación de mí mismo, una liberación de todas las pesadas exigencias que ahora me imponen mis defectos de carácter. La humildad perfecta sería una plena disposición, a toda hora y en todo lugar, de saber y hacer la voluntad de Dios".

———

De *El lenguaje del corazón*

6 DE AGOSTO

"¿Cómo puede ser que alguien luzca tan normal y esté tan enfermo?"

JAMESTOWN, NUEVA YORK, ABRIL DE 1992

———

"Algunos días, me siento casi normal,
casi cuerdo".

———

Del *AA Grapevine*

7 DE AGOSTO

"Jeans rotos y botines gastados"

THE PAS, MANITOBA, JULIO DE 1999

———

"Creo que se puede ayudar a cualquiera que tenga un sincero deseo de dejar la bebida. Soy prueba de ello".

———

De *In Our Own Words*

8 DE AGOSTO

"Atrapado por el odio"

LA VERNE, CALIFORNIA, DICIEMBRE DE 1966

————

"Podía hacer algo para cambiar mis pensamientos, pero nada para cambiar a las personas que me rodeaban".

————

Del *AA Grapevine*

9 DE AGOSTO

"Las personas a las que les hicimos daño"

REYNOLDSBURG, OHIO, SEPTIEMBRE DE 1979

———

"No necesito hacer enmiendas de rodillas,
necesito caminar erguido, sin falso
orgullo. Cuando, humildemente, me
acerque a las personas y les pida perdón
con sinceridad, ese acto me quitará
el peso que llevo sobre los hombros".

———

Del *AA Grapevine*

10 DE AGOSTO

"Paso a paso"

HONOLULU, HAWAI, NOVIEMBRE DE 1962

———

"Los hábitos son como el corcho o el plomo: tienden a sacarte a flote o a hundirte".

———

Del AA Grapevine

11 DE AGOSTO

"Escuchar y aprender"

PENNGROVE, CALIFORNIA, ENERO DE 2008

———

"El alcoholismo se queda sin poder cuando la honestidad, una mentalidad abierta y buena voluntad, se combinan dentro de mí y logro preguntarme cómo en vez de por qué. En ese momento, puedo incorporarme al camino de la vida y dejar de ser un estorbo para mí mismo".

———

Del *AA Grapevine*

12 DE AGOSTO

"Este asunto del miedo"

BILL W., COFUNDADOR DE AA, ENERO DE 1962

———

"Empezamos a considerar cada adversidad como una oportunidad que Dios nos había deparado para cultivar el valor que nace de la humildad y no de la arrogancia. Y así podíamos aceptarnos a nosotros mismos, y aceptar nuestras circunstancias y a nuestros compañeros".

———

De *Lo mejor de Bill*

13 DE AGOSTO

"Una inesperada oportunidad de vivir"

PALMDALE, CALIFORNIA, JULIO DE 1992

———

"Ya no tengo que tener la razón
siempre".

———

Del *AA Grapevine*

14 DE AGOSTO

"El liderazgo en AA: siempre una necesidad vital"

BILL W., COFUNDADOR DE AA,
ABRIL DE 1959

"La transigencia nos resulta difícil a
nosotros, los borrachos de 'todo o nada'.
No obstante, nunca debemos perder
de vista el hecho de que el progreso está
casi siempre caracterizado por
*una serie de acuerdos encaminados a
conseguir mejoras"*.

De *El lenguaje del corazón*

15 DE AGOSTO

"El Duodécimo Paso: todo AA"

COVENTRY, REINO UNIDO, DICIEMBRE DE 2007

———

"Anteponer los principios a las personalidades, tanto dentro como fuera de la Comunidad, no siempre me hace popular con las personas, pero prefiero no caerles bien por lo que soy, a agradarles por lo que no soy".

———

Del *AA Grapevine*

16 DE AGOSTO

"Una idea realmente buena"
SPRING CITY, UTAH, NOVIEMBRE DE 2003

———

"Es cierto que el único requisito para ser miembro de AA es querer dejar la bebida. Pero, si uno quiere, decididamente, una mejor vida, bueno, entonces... ¿Qué les parece esto? Trabajar los Pasos de la mano de un padrino o madrina sería una idea verdaderamente buena".

———

Del *AA Grapevine*

17 DE AGOSTO

"La amenaza de los Doce Pasos"
VERMONT, OCTUBRE DE 1965

———

"Realizar todo el programa de AA, como nos lo transmitieron los primeros miembros de Alcohólicos Anónimos, no implica la idea de convertirse en una especie de bonachón desagradable. Se trata de la amenaza de estar verdaderamente vivo, consciente e incluso, quizás, extremadamente feliz".

———

Del *AA Grapevine*

18 DE AGOSTO

"¿Cómo podemos mantenerlo simple?"

BILL W., COFUNDADOR DE AA,
JULIO DE 1960

———

"Entre los AA hay una necesidad
constante de mayor desarrollo
espiritual".

———

De *El lenguaje del corazón*

19 DE AGOSTO

"Servicio"

TACOMA, WASHINGTON,
SEPTIEMBRE DE 1974

———

"Recién en los últimos meses me interesé
por las tareas de servicio en AA. Antes
de eso, no era más que un percebe de mar
que, adherido a mi asiento, criticaba
a los oradores y me quejaba del café.
Ahora estoy al otro lado y ya no soy el
que chilla y gimotea, y debo decir, con
alegría, que me gusta".

———

Del *AA Grapevine*

20 DE AGOSTO

"La libertad bajo Dios: nos corresponde a nosotros elegir"

BILL W., COFUNDADOR DE AA,
NOVIEMBRE DE 1960

———

"El futuro no cobrará su pleno sentido y significado a menos que nos presente nuevos problemas e incluso graves peligros. Problemas y peligros por medio de los cuales podemos llegar a alcanzar la verdadera grandeza de acción y espíritu".

———

De *El lenguaje del corazón*

21 DE AGOSTO

"Saborear nuestra sobriedad"

NORTH HOLLYWOOD, CALIFORNIA,
AGOSTO DE 1982

———

"Lo que importa es lo que podemos
albergar en el corazón, no en la mano".

———

De *Emotional Sobriety*

22 DE AGOSTO

"Un niño tendido en el pasto"

ONTARIO, AGOSTO DE 1962

———

"El estado de gracia no es
algo que podamos alcanzar solos
ni improvisadamente".

———

23 DE AGOSTO

"La libertad bajo Dios: nos corresponde a nosotros elegir"

BILL W., COFUNDADOR DE AA,
NOVIEMBRE DE 1960

———

"No podemos liberarnos de la obsesión del alcohol hasta que no estemos dispuestos a enfrentamos con esos defectos de carácter que nos han llevado a esta desesperada situación... del temor, de la ira y de la soberbia; de la rebeldía y de la hipocresía, de la pereza y de la irresponsabilidad; de las justificaciones insensatas y de la descarada falta de honradez; de la dependencia malsana y de la ruinosa y agresiva ansia de poder".

———

De El lenguaje del corazón

24 DE AGOSTO

"De nuevo en la encrucijada"

BILL W., COFUNDADOR DE AA,
NOVIEMBRE DE 1961

———

"En el momento más oportuno y por la
gracia de Dios, a cada uno de nosotros
se nos ha concedido la posibilidad de
adquirir una comprensión cada vez más
amplia del significado y del propósito
de su propia vida".

———

De El lenguaje del corazón

25 DE AGOSTO

"8½"

BOWLING GREEN, KENTUCKY, OCTUBRE DE 1986

———

"Mi trabajo es ser lo suficientemente humilde como para verme reflejado en otros, y aceptarme a mí mismo y a los demás a través de esa identificación. La voluntad de enmendar mis errores surgirá de este acto de amor".

———

De Lo mejor del Grapevine, Volumen II

26 DE AGOSTO

"Los años que devoró la plaga de la langosta"

NUEVA YORK, NUEVA YORK, ABRIL DE 1997

———

"El perdón ingresó en mi vida a través del corazón, no de la cabeza".

———

De *Lo mejor del Grapevine, Volumen III*

27 DE AGOSTO

"Este asunto de mirar hacia el futuro"

MANCHESTER, MASSACHUSETTS,
OCTUBRE DE 1964

———

"No se puede mirar hacia el futuro sin antes aprender a estar en el presente".

———

Del *AA Grapevine*

28 DE AGOSTO

"¿Qué es la humildad?"
MILWAUKEE, WISCONSIN, ABRIL DE 1966

———

"La humildad es la tierra en la que crecen todas las demás virtudes".

———

Del AA Grapevine

29 DE AGOSTO

"El tipo al final del mostrador"

MARIETTA, OHIO, ABRIL DE 1993

————

"Es imposible conocer a todo el mundo, pero si trato de relacionarme al menos con una persona; algo sucederá, algo extraordinario".

————

Del *AA Grapevine*

30 DE AGOSTO

"Más alegrías que tristezas"

NEW CANAAN, CONNECTICUT,
JUNIO DE 1974

———

"Es maravilloso saber que uno no tiene
por qué ser un dios o una diosa,
un santo o un genio, para llevar una
vida razonablemente feliz, sin alcohol,
saludable, social, constructiva, útil
y además con algunos momentos de
buenas risotadas".

———

Del *AA Grapevine*

31 DE AGOSTO

"Destilación del espíritu"
TOBYHANNA, PENSILVANIA, JUNIO DE 1995

———

"No lamentes envejecer: es un privilegio del que muchos no gozan".

———

Del AA Grapevine

SEPTIEMBRE

1.° DE SEPTIEMBRE

"Una perspectiva del porvenir"
BILL W., COFUNDADOR DE AA,
FEBRERO DE 1961

———

"La alternativa que tenemos es
la de seguir desarrollándonos o decaer.
Para nosotros, el 'status quo' sólo vale
para el día de hoy, nunca para mañana.
Tenemos que cambiar; no podemos
quedarnos quietos".

———

De *El lenguaje del corazón*

2 DE SEPTIEMBRE

"Saborear nuestra sobriedad"

NORTH HOLLYWOOD, CALIFORNIA,
AGOSTO DE 1982

———

"Para alcanzar el crecimiento espiritual
y la serenidad, debemos ataviar nuestra
mente cada mañana con el mismo
cuidado que le dedicamos a nuestro
cuerpo. Sólo entonces podrá el presente
desembocar en el glorioso mañana que
ansiábamos ayer".

———

De *Emotional Sobriety*

3 DE SEPTIEMBRE

"Voluntad de crecimiento"

JOLIET, ILLINOIS, JULIO DE 1985

———

"Trabajar el Noveno Paso me liberó de mis miedos sobre el pasado y me otorgó más energía para dedicarle a cada día de mi vida actual las veinticuatro horas".

———

Del *AA Grapevine*

4 DE SEPTIEMBRE

"Prestarle atención a los sentimientos de los demás"

GRANTS, NUEVO MÉXICO, JULIO DE 1980

———

"Pasé años buscando cosas para
enajenarme, diferenciarme, hacerme
especial o único, mejor o peor.
Los Pasos me enseñaron a centrarme
en lo positivo: en las similitudes,
no en las diferencias".

———

De *Young & Sober*

5 DE SEPTIEMBRE

"Una perspectiva del porvenir"

BILL W., COFUNDADOR DE AA,
FEBRERO DE 1961

———

"Sigamos haciendo nuestro inventario
como Comunidad, intentando descubrir
nuestros defectos y confesándolos sin
reserva. Dediquémonos a remediar todas
las relaciones defectuosas que puedan
existir, ya sean internas o externas".

———

De *El lenguaje del corazón*

6 DE SEPTIEMBRE

"Los médicos"

BILL W., COFUNDADOR DE AA,
AGOSTO DE 1957

———

"William Duncan Silkworth, nos facilitó los instrumentos para desinflar el ego alcohólico más resistente, aquellas demoledoras frases con las que describía nuestra enfermedad: *la obsesión mental* que nos obliga a beber y *la alergia corporal* que nos condena a la locura o a la muerte. Sin estas indispensables consignas, AA no podría haber funcionado nunca".

———

De *El lenguaje del corazón*

7 DE SEPTIEMBRE

"A los dieciséis, estaba listo"
MAGNOLIA, ARKANSAS, ENERO DE 1978

———

"Agradezco todo lo que me pasó. Hallé una forma de vida que no cambiaría por nada del mundo".

———

De *Young & Sober*

8 DE SEPTIEMBRE

"Entregarse"

ATLANTA, GEORGIA, FEBRERO DE 1990

———

"La cantidad de realidad que rechazo
es la que pierdo".

———

De Lo mejor del Grapevine, Volumen III

9 DE SEPTIEMBRE

"Destilación del espíritu"

INDIANÁPOLIS, INDIANA, AGOSTO DE 1982

————

"La humildad no significa tener una peor opinión de uno mismo, sino pensar menos en uno mismo".

————

Del *AA Grapevine*

10 DE SEPTIEMBRE

"Una sensación extraordinaria"

THOMPSON, PENSILVANIA, MARZO DE 1997

———

"¿Estás por fin preparado para soltar las
riendas y concretar tu destino?".

———

Del *AA Grapevine*

11 DE SEPTIEMBRE

"Pesadilla adolescente"

SAN JOSÉ, CALIFORNIA,
OCTUBRE DE 2011

———

"Cuando las cosas se tornan difíciles o
no quiero aceptar una sugerencia, basta
con ponerme, humildemente, a
disposición de mi Poder Superior y decir:
'Sólo por hoy'. Eso me ayuda a vivir
en el momento".

———

De *Young & Sober*

12 DE SEPTIEMBRE

"Destilación del espíritu"

HERMOSA BEACH, CALIFORNIA,
FEBRERO DE 1998

———

"La principal forma de aliviar el dolor
es perdonar".

———

Del *AA Grapevine*

13 DE SEPTIEMBRE

"Nuestro lema: la responsabilidad"

BILL W., COFUNDADOR DE AA,
JULIO DE 1965

———

"No sería una exageración decir que un millón de alcohólicos han recurrido a AA durante los últimos treinta años. Con toda seriedad, debemos preguntarnos: '¿Adónde fueron los 600,000 que no se han quedado con nosotros?'".

———

De *El lenguaje del corazón*

14 DE SEPTIEMBRE

"Sobrio a los diecisiete"

RICHMOND, NUEVA YORK, ENERO DE 1978

———

"Estoy aprendiendo a sonreír y a reír otra vez, y hasta recuperé un poco de respeto por mí mismo. Todavía tengo problemas, pero AA me enseñó a lidiar con ellos, a no huirles".

———

De *Young & Sober*

15 DE SEPTIEMBRE

"El liderazgo en AA: siempre una necesidad vital"

BILL W., COFUNDADOR DE AA,
ABRIL DE 1959

———

"La visión es la esencia misma de la prudencia".

———

De El lenguaje del corazón

16 DE SEPTIEMBRE

"Oído en reuniones"
ENERO DE 1961

———

"Cuando todo lo demás falle, intenta
seguir las indicaciones".

———

Del *AA Grapevine*

17 DE SEPTIEMBRE

"El tipo lleno de odio y dolor"
EUGENE, OREGON, JULIO DE 2002

————

"La esperanza puede ser bastante
contagiosa".

————

De *I Am Responsible*

18 DE SEPTIEMBRE

"La clave para ser parte de"

MANCHESTER, NUEVO HAMPSHIRE,
SEPTIEMBRE DE 2000

———

"Descubrí que en verdad hay una forma
más fácil y delicada de hacer las cosas:
luchar por ser parte de".

———

De *I Am Responsible*

19 DE SEPTIEMBRE

"Vivir a lo grande"
SCHAUMBERG, ILLINOIS, MARZO DE 2006

———

"Me llevó mucho tiempo entender
que el objetivo de AA no era limitar
mi vida, sino hacer que alcance su
máximo potencial".

———

De *Young & Sober*

20 DE SEPTIEMBRE

"Los fundamentos en retrospectiva"

DR. BOB, COFUNDADOR DE AA,
SEPTIEMBRE DE 1948

———

"El ego del alcohólico muere de forma
terrible. Vestirnos con auras angelicales
no es para nosotros".

———

De *Spiritual Awakenings*

21 DE SEPTIEMBRE

"La novia de nadie"

MORENO VALLEY, CALIFORNIA,
DICIEMBRE DE 1992

"Mi nuevo amigo me preguntó cuándo había bebido por última vez, si había comido y si dormí bajo techo esa noche. Me contó su historia… mis esperanzas se fortalecieron aún más; supe que había hallado una forma de vivir sin la bebida".

De *I Am Responsible*

22 DE SEPTIEMBRE

"La correspondencia de Bill W. con Carl Jung"

DR. C.G. JUNG, ENERO DE 1963

———

"Alcohol en latín se dice (spiritus)
y se usa la misma palabra para
denominar la más sublime experiencia
religiosa y el veneno más depravador.
Por lo tanto, la fórmula útil será:
(spiritus contra spiritum)".

———

De *El lenguaje del corazón*

23 DE SEPTIEMBRE

"La fuente de la juventud"

NELSON, NUEVO HAMPSHIRE,
AGOSTO DE 1998

———

"Voy temprano, me comprometo y
extiendo la mano a quien entre por la
puerta. Es increíble ver con qué facilidad
se puede hacer la diferencia para los
demás y para uno mismo con tan sólo
aceptar la responsabilidad de transmitir
el mensaje".

———

De *Young & Sober*

24 DE SEPTIEMBRE

"Los fundamentos en retrospectiva"

DR. BOB, COFUNDADOR DE AA,
SEPTIEMBRE DE 1948

———

"Los comienzos de Alcohólicos Anónimos fueron alrededor de una mesa de cocina. Es cierto que, en lo material, progresamos mucho: mejores muebles y entornos más cómodos. Pero la mesa de cocina siempre será apropiada para nosotros. Es el símbolo perfecto de la simplicidad".

———

De *Spiritual Awakenings*

25 DE SEPTIEMBRE

"Quinta Tradición"

NUEVA YORK, NUEVA YORK, JUNIO DE 1970

———

"No estoy de acuerdo con la idea de que el recién llegado es el miembro más importante de cualquier reunión. Son igual de importantes los veteranos que me indicaron el camino correcto y cualquiera que esté en el medio, y que quizás hoy esté sufriendo. Si los recién llegados son la sangre vital de AA, los veteranos y los que están en el medio son la piel y la columna".

———

De *I Am Responsible*

26 DE SEPTIEMBRE

"Más de una forma"

CLEVELAND, OHIO, FEBRERO DE 2010

———

"Aprendí a anteponer los principios a las personalidades, comencé a entender que no tiene nada de malo estar equivocado y que también está bien permitirles a los demás estar equivocados y cometer errores. Aprender a soltar las riendas es una enorme parte de las tareas de servicio, en todo sentido".

———

De *Young & Sober*

27 DE SEPTIEMBRE

"Nuestro lema: la responsabilidad"

BILL W., COFUNDADOR DE AA,
JULIO DE 1965

———

"A menudo he visto a nuestra Sociedad
comportarse de manera tímida
y temerosa, airada y soberbia, apática
e indiferente. Pero también he visto
desvanecerse estas características
negativas según se iban aprendiendo
y aplicando gustosamente las lecciones
de la experiencia".

———

De *El lenguaje del corazón*

28 DE SEPTIEMBRE

"¿A qué reunión irás mañana?"

SANTA ROSA, CALIFORNIA,
NOVIEMBRE DE 1999

———

"Mi recuperación depende de que muchas personas me extiendan una mano. La bienvenida que me dieron implicó mucho más que palabras. Se trató de palabras seguidas de acciones".

———

De I Am Responsible

29 DE SEPTIEMBRE

"¡Así que eso es una experiencia espiritual!"

YORK, PENSILVANIA, ENERO DE 1977

———

"Había tenido una experiencia espiritual sin saberlo. Mi turbada curiosidad sobre un Poder Superior, el cambio en mi actitud mental e incluso mi recuperación física, habían sido parte de mi despertar espiritual. Sin darme cuenta, había estado en contacto con la fuente de la vida, bien fuese algo o Alguien".

———

De *Spiritual Awakenings*

30 DE SEPTIEMBRE

"Destilación del espíritu"

INDIANÁPOLIS, INDIANA, AGOSTO DE 1982

———

"Dejemos que los problemas de hoy se circunscriban al presente".

———

Del AA Grapevine

OCTUBRE

1.º DE OCTUBRE

"Buscado"

MANKATO, MINNESOTA, MAYO DE 1997

———

"La vida no ha sido un lecho de rosas, pero gracias a AA, ya no tengo que vivir con miedo. Duermo por la noche. Tengo un propósito en la vida".

———

De *Young & Sober*

2 DE OCTUBRE

"Quinta Tradición"

BILL W., COFUNDADOR DE AA,
SEPTIEMBRE DE 1952

———

"La capacidad única de cada miembro de
AA para identificarse con el principiante
y conducirle hacia la recuperación
no depende en absoluto de su cultura, su
elocuencia ni de cualquier otra pericia
particular. Lo único que cuenta es que
él es un alcohólico que ha encontrado
la clave de la sobriedad".

———

Del *AA Grapevine* (Reimpreso
en *Doce Pasos y Doce Tradiciones*)

3 DE OCTUBRE

"Una perspectiva del porvenir"

BILL W., COFUNDADOR DE AA,
FEBRERO DE 1961

———

"Recordemos la multitud de personas
que todavía sufren del alcoholismo
y que todavía están sin esperanza. Sea
cual sea el costo o el sacrificio que
suponga, pongámonos a mejorar nuestras
comunicaciones con toda esta gente
para que encuentren lo que hemos
encontrado: una nueva vida de
libertad bajo Dios".

———

De *I Am Responsible*

4 DE OCTUBRE

"Nunca debajo de la alfombra"
ENERO DE 1967

———

"Mientras más dispuesto estoy a aceptar
cuando me equivoco, me encuentro
cada vez menos en la posición de tener
que admitirlo".

———

Del *AA Grapevine*

5 DE OCTUBRE

"El proceso de paz"

GOLD RIVER, CALIFORNIA,
DICIEMBRE DE 1996

———

"Creo que la paz que me da el Décimo Paso, si está bien implementado, es igual a lo que sentiría al estar con Dios".

———

Del *AA Grapevine*

6 DE OCTUBRE

"Prestarle atención a los sentimientos de los demás"

GRANTS, NUEVO MÉXICO, JULIO DE 1980

———

"Tengo una forma de vivir que llena todos los vacíos que alguna vez sentí".

———

De *Young & Sober*

7 DE OCTUBRE

"Los fundamentos en retrospectiva"

DR. BOB, COFUNDADOR DE AA,
SEPTIEMBRE DE 1948

———

"En AA, nadie es más importante que los demás, ni precisamos que así sea. Nuestra organización no precisa títulos ni edificios grandiosos. La experiencia nos enseñó que la simplicidad es esencial a fin de preservar nuestra sobriedad y para ayudar a quienes lo necesitan".

———

De *Spiritual Awakenings*

8 DE OCTUBRE

"El liderazgo en AA: siempre una necesidad vital"

BILL W., COFUNDADOR DE AA,
ABRIL DE 1959

"Un plan o una idea excelente puede proponerse por cualquiera, de cualquier parte. Por consecuencia, el buen liderazgo con frecuencia descarta sus propios planes predilectos para adoptar otros mejores, y atribuye el mérito a quien le corresponde".

De *El lenguaje del corazón*

9 DE OCTUBRE

"La clave para ser parte"

MANCHESTER, NUEVO HAMPSHIRE,
SEPTIEMBRE DE 2000

———

"Lo que brindé con más frecuencia
a AA mediante mi grupo base, lo recibo
multiplicado con paz mental".

———

De *I Am Responsible*

10 DE OCTUBRE

"Destilación del espíritu"
INDIANÁPOLIS, INDIANA, AGOSTO DE 1982

———

"Alimenta tu fe y no tus dudas".

———

Del *AA Grapevine*

11 DE OCTUBRE

"Una sensación extraordinaria"

THOMPSON, PENSILVANIA, MARZO DE 1997

———

"Mientras esté dispuesto a hacer lo que me corresponde en el momento que sea y abandonar la lucha por controlar los resultados de mis acciones, estaré siguiendo el camino que dispuso mi Poder Superior, llámese Dios, buena y ordenada dirección, alma, fuerza vital o cualquier otra cosa".

———

Del *AA Grapevine*

12 DE OCTUBRE

"Destilación del espíritu"

INDIANÁPOLIS, INDIANA,
AGOSTO DE 1982

———

"No se ayuda a alguien tratando
de impresionarlo; lo impresionas
al tratar de ayudarlo".

———

Del *AA Grapevine*

13 DE OCTUBRE

"Antes que nada, alcohólico"

TOLEDO, OHIO, SEPTIEMBRE DE 1982

———

"Al aplicar los principios del programa, me gané mi libertad —la libertad de ser quien verdaderamente soy, de gustarme como soy, de convertirme en lo que mi Poder Superior me tenga deparado, un día a la vez; de tener la clase de vida con la que me sienta más a gusto, de amar y de reír—".

———

De *In Our Own Words*

14 DE OCTUBRE

"Una perspectiva del porvenir"

BILL W., COFUNDADOR DE AA,
FEBRERO DE 1961

———

"Aunque no tenemos que modificar
nuestras verdades, sin duda
podemos mejorar las formas en que las
aplicamos a nosotros mismos, a AA
en su totalidad y a nuestras relaciones
con el mundo que nos rodea. Podemos
seguir perfeccionando 'la práctica
de estos principios en todos nuestros
asuntos'".

———

De I Am Responsible

15 DE OCTUBRE

"Quizás haya sido el momento..."

LOIS W., ESPOSA DE BILL W., COFUNDADOR DE AA,
FEBRERO DE 1950

———

"El sentido de comunidad en AA es único.
De un día para el otro, se entablan
lazos que llevaría años lograr en cualquier
otro sitio. Nadie necesita máscaras.
Todas las barreras están abajo. Los que
toda su vida se sintieron fuera de lugar
ahora saben que, realmente, pertenecen.
De sentir que un enorme lastre pesa
sobre sus vidas pasan a navegar
libremente, de repente y a toda vela".

———

De Lo mejor del Grapevine, Volumen II

16 DE OCTUBRE

"Destilación del espíritu"
INDIANÁPOLIS, INDIANA, AGOSTO DE 1982

———

"Mantener la mente abierta es difícil si la boca también lo está".

———

Del AA Grapevine

17 DE OCTUBRE

"Destilación del espíritu"
INDIANÁPOLIS, INDIANA, AGOSTO DE 1982

———

"Quejarse no es un paso de acción".

———

Del *AA Grapevine*

18 DE OCTUBRE

"El regalo del tiempo"
DOVER, PENSILVANIA, JUNIO DE 1991

———

"Me dijeron que, a veces, un buen
padrino o madrina altera la comodidad
y acomoda las alteraciones".

———

De *In Our Own Words*

19 DE OCTUBRE

"Las recaídas y la naturaleza humana"

DR. WILLIAM DUNCAN SILKWORTH,
ENERO DE 1947

"Existe la tendencia de clasificar todo lo que hace un alcohólico como 'comportamiento de alcohólico'. En verdad, es tan solo la naturaleza humana... "Algunas peculiaridades emocionales y mentales se consideran síntomas del alcoholismo únicamente porque las tienen los alcohólicos, pero esas mismas características se observan también en quienes no lo son. De hecho, son síntomas de humanidad".

De Lo mejor del Grapevine, Volumen I

20 DE OCTUBRE

"Los servicios hacen funcionar a AA"

BILL W., COFUNDADOR DE AA,
NOVIEMBRE DE 1951

———

"Nos dimos cuenta de que, sin tener comités de servicios, cesaríamos de funcionar y, tal vez, nos desintegraríamos. Efectivamente, tendríamos que *organizar los servicios para que AA se mantenga simple"*.

———

De *El lenguaje del corazón*

21 DE OCTUBRE

"Por qué Alcohólicos Anónimos es anónimo"

BILL W., COFUNDADOR DE AA,
ENERO DE 1955

———

"Primero, sacrificamos el alcohol. Tuvimos que hacerlo; si no, nos habría matado. Pero no podíamos deshacernos del alcohol mientras no hiciéramos otros sacrificios. Teníamos que renunciar a la petulancia y al razonamiento farsante. Teníamos que echar por la ventana la autojustificación, la autoconmiseración y la ira. Teníamos que abandonar el alocado concurso por ganar prestigio personal y grandes cantidades de dinero. Teníamos que asumir personalmente la responsabilidad de nuestra lamentable situación y dejar de culpar a otros por ella".

———

De *El lenguaje del corazón*

22 DE OCTUBRE

"Juntos podemos"

MARTINSVILLE, VIRGINIA OCCIDENTAL,
ENERO DE 1990

———

"Hablar de lo que me molesta me ayuda a
aplacar el poder que tiene sobre mí".

———

De *Lo mejor del Grapevine, Volumen II*

23 DE OCTUBRE

"Una larga caída"

ARLINGTON, TEXAS, JULIO DE 1994

———

"Estoy aprendiendo a ser madre,
amiga, abuela y hermana. Mis amigos
son para mí un unido grupo de apoyo;
sólo debo llamarlos".

———

De Lo mejor del Grapevine, Volumen III

24 DE OCTUBRE

"Amor"

NORTH HOLLYWOOD, CALIFORNIA,
SEPTIEMBRE DE 1988

———

"Cuando amamos, vemos en
los demás lo que querríamos ver
en nosotros mismos".

———

De Lo mejor del Grapevine, Volumen III

25 DE OCTUBRE

"Doctorado en alcoholismo"

GREENSBORO, CAROLINA DEL NORTE,
FEBRERO DE 1987

———

"El orgullo que sentía por mi
inteligencia me impedía ver la magnitud
de mi desconocimiento".

———

De Lo mejor del Grapevine, Volumen III

26 DE OCTUBRE

"La verdad"

CAYO HUESO, FLORIDA, AGOSTO DE 1973

———

"La verdad no es un arma para ser usada
a la ligera ... Cuando me piden mi opinión
o un consejo, hago lo mejor que puedo
con la mayor gentileza, comprensión y
tolerancia posibles".

———

De *Lo mejor del Grapevine, Volumen I*

27 DE OCTUBRE

"Décima Tradición"

NUEVA YORK, NUEVA YORK, MAYO DE 1971

———

"Todos sabemos de quién es el inventario
que hacemos en AA, ¿verdad?".

———

De Lo mejor del Grapevine, Volumen I

28 DE OCTUBRE

"Sigue viniendo, pase lo que pase"

SALT LAKE CITY, UTAH, NOVIEMBRE DE 2000

———

"No tengo idea de cómo llegué tan lejos o qué me mantuvo sobrio. Yo supongo que tiene algo que ver con el eslogan 'Sigue viniendo, pase lo que pase'".

———

De *In Our Own Words*

29 DE OCTUBRE

"El servicio es la razón"

WINNIPEG, MANITOBA, JUNIO DE 1979

———

"Ya no puedo usar la enfermedad del alcoholismo como una excusa. Ahora bien, si no pongo mi recuperación al servicio de otros, volveré a enfermarme".

———

De Lo mejor del Grapevine, Volumen II

30 DE OCTUBRE

"Nunca más solo"

FLUSHING, NUEVA YORK, MARZO DE 1995

"Hallé el sosiego, el amor y el apoyo
que necesitaba para rearmar las piezas
de mi vida y, habiendo atravesado
contratiempos, seguir adelante. No estoy
solo en este trayecto".

De *Lo mejor del Grapevine, Volumen III*

31 DE OCTUBRE

"La vida es para vivirla"

SPRING HILL, FLORIDA, SEPTIEMBRE DE 1985

———

"Hay más errores por enmendar, cartas
por enviar, trabajo de Paso Doce
por hacer, responsabilidades por asumir
y charlas honestas por mantener
con nuestros seres queridos. La vida es
para vivirla enfrentando los desafíos
que nos depara. De otra forma, no vivo,
sólo existo".

———

De Lo mejor del Grapevine, Volumen III

NOVIEMBRE

1.° DE NOVIEMBRE

"La sobriedad para nosotros mismos"

NUEVA YORK, NUEVA YORK, NOVIEMBRE DE 1946

———

"La risa es uno de los regalos
más grandes y más beneficiosos que Dios
nos hizo. A veces, debes reírte de ti
mismo junto con Él".

———

De *Thank You for Sharing*

2 DE NOVIEMBRE

Editorial

BILL W., COFUNDADOR DE AA,
NOVIEMBRE DE 1958

————

"El sufrimiento ya no es una amenaza
por evadir a cualquier costo. Cuando se
presenta, sin importar cuán grave
sea, debemos entender que también tiene
un propósito. Es nuestro gran maestro,
porque nos revela nuestros defectos y,
así, nos empuja hacia el camino del
progreso. El dolor que nos causaba la
bebida hacía lo mismo. Y lo mismo hará
cualquier otro dolor".

————

Del *AA Grapevine*

3 DE NOVIEMBRE

"Paso a paso"
MAYO DE 1953

———

"La felicidad no es una estación a la que llegamos, sino una forma de viajar".

———

Del AA Grapevine

4 DE NOVIEMBRE

"Encantador es el mundo de los alcohólicos"

FULTON OURSLER, AMIGO DE AA,
JULIO DE 1944

———

"Cuento entre mis amigos a estrellas del teatro y del cine, y a otros talentos de menor calibre; frecuento diariamente a escritores; conozco a las damas y a los caballeros de ambos partidos políticos; he sido invitado de la Casa Blanca, y comido con reyes, ministros y embajadores. Tras esa enumeración, puedo decir que prefiero una velada con mis amigos de AA a una con cualquier persona o grupo de los mencionados".

———

De *Lo mejor del Grapevine, Volumen I*

5 DE NOVIEMBRE

"Reuniones, reuniones, reuniones"

GRAND RAPIDS, MICHIGAN,
OCTUBRE DE 1981

———

"La mejor forma de apreciar a AA es idéntica a como se aprecia un vitral: desde adentro".

———

De *Happy, Joyous and Free*

6 DE NOVIEMBRE

"Por qué Alcohólicos Anónimos es anónimo"

BILL W., COFUNDADOR DE AA, ENERO DE 1955

"Con romper nuestro anonimato, podemos reanudar nuestra vieja búsqueda desastrosa del poder y del prestigio personales, del honor público y del dinero: los mismos impulsos implacables que antes, al ser frustrados, nos hicieron beber; las mismas fuerzas que hoy en día desgarran el mundo".

De *El lenguaje del corazón*

7 DE NOVIEMBRE

"Reuniones, reuniones, reuniones"

GRAND RAPIDS, MICHIGAN,
OCTUBRE DE 1981

———

"Cuando bebía, temía no estar
alcanzando mi potencial. Ahora que
estoy sobrio, me preocupa que a
lo mejor ya lo alcancé".

———

De *Happy, Joyous and Free*

8 DE NOVIEMBRE

"La sobriedad para nosotros mismos"

NUEVA YORK, NUEVA YORK, NOVIEMBRE DE 1946

———

"Uno no logra conocerse a sí mismo haciendo un recuento de sus 'malas acciones'; éstas no nos representan. Todas nuestras dudas, miedos y recelos, anhelos inmaduros, autoindulgencias, son obra de nuestro cuerpo físico, guiado por los falsos instintos y la imaginación, y no de nuestro verdadero ser, que es el alma —el espíritu que albergamos—. Allí está nuestra consciencia, nuestra sabiduría y nuestra fortaleza. Nadie puede dañarla, salvo nosotros mismos".

———

De *Thank You for Sharing*

9 DE NOVIEMBRE

"Bendecido por el recuerdo de mi dolor"

KENNER, LUISIANA, ENERO DE 1996

———

"No todo es color de rosas, pero, definitivamente, no hay punto de comparación con el pasado. Dios me bendijo con el recuerdo vívido de mi dolor, lo que me ayuda cuando pienso en escapar".

———

De *Young & Sober*

10 DE NOVIEMBRE

"Bajo nueva gerencia"
COLLEGE PARK, MARYLAND, JUNIO DE 1982

———

"Me doy cuenta ahora de que la mayoría de los problemas en mi vida se debían a mis intentos por gobernarla, por controlar mi destino. Estoy agradecido de que hoy, estando sobrio, todavía pueda decir que mi vida se ha vuelto 'ingobernable'".

———

De *Spiritual Awakenings*

11 DE NOVIEMBRE

"Más allá de la brecha generacional"

SARATOGA, CALIFORNIA, AGOSTO DE 1985

———

"No temamos alterar o aburrir a nuestros compañeros con explicaciones sobre cómo reaccionamos a lo que nos aqueja en un determinado momento; así es cómo aprendemos a vivir".

———

De *El grupo base*

12 DE NOVIEMBRE

"Cultivar la tolerancia"

DR. BOB, COFUNDADOR DE AA,
JULIO DE 1944

———

"La tolerancia (...) promueve una mentalidad abierta, lo que es enormemente importante. De hecho, es fundamental para concluir cualquier tipo de búsqueda —ya sea científica o espiritual— y alcanzar el éxito".

———

De Lo mejor del Grapevine, Volumen I

13 DE NOVIEMBRE

"Tan solo un borracho"

AURORA, ILLINOIS, AGOSTO DE 1992

———

"Ruego mantener la humildad y no olvidar que soy tan solo un borracho, sobrio hoy por la gracia de Dios y el programa de AA".

———

Del *AA Grapevine*

14 DE NOVIEMBRE

"El alcoholismo y Alcohólicos Anónimos"

DR. MARVIN A. BLOCK, AMIGO DE AA,
FEBRERO DE 1974

———

"Una vez que el alcohólico entiende que
es bueno aceptar la realidad —dentro de
sus posibilidades y de los límites que
todos poseemos—, da un paso hacia la
madurez. La diferencia entre una persona
con la mente sana y una enferma es la
capacidad para enfrentar las realidades
de la vida".

———

De *I Am Responsible*

15 DE NOVIEMBRE

"Revelación práctica"

SAN FRANCISCO, CALIFORNIA,
AGOSTO DE 1995

————

"Creo que la mentalidad abierta es uno de los principios espirituales fundamentales del programa. (...) Sin ella, no me es posible cambiar".

————

De *Spiritual Awakenings*

16 DE NOVIEMBRE

"La fe es acción"

CULVER CITY, CALIFORNIA, MAYO DE 1977

———

"El que conciba a Dios como una serie de leyes cósmicas inmutables o un anciano de bata y barba blancas, es total y gloriosamente irrelevante. Lo único importante son mis valores y actitudes, y las acciones que desencadenan".

———

De *Spiritual Awakenings*

17 DE NOVIEMBRE

"La novia de nadie"

MORENO VALLEY, CALIFORNIA, DICIEMBRE DE 1992

———

"Los demás, a través de sus acciones, me brindaron un apoyo incondicional durante toda mi sobriedad. Esto también me demostró cómo debo actuar ante quienes necesitan mi ayuda. Es mi responsabilidad asegurarme de que la mano de AA se le extienda a todo el mundo".

———

De *I Am Responsible*

18 DE NOVIEMBRE

"La luz a través de la ventana"
LAKE WORTH, FLORIDA, JUNIO DE 1999

———

"No todos podemos ser solitarios".

———

De *I Am Responsible*

19 DE NOVIEMBRE

"Enterrar mi antiguo miedo"

BINGHAMTON, NUEVA YORK, ABRIL DE 1968

———

"Durante el Undécimo Paso de AA, me di cuenta de que el camino que transitaré mañana se construye hoy".

———

Del AA Grapevine

20 DE NOVIEMBRE

"AA no es un gran negocio"

BILL W., COFUNDADOR DE AA, NOVIEMBRE DE 1950

———

"Nos hemos resuelto a no permitir nunca
que ni el dinero ni la administración de
asuntos necesarios, oscurezcan nuestros
objetivos espirituales".

———

De *El lenguaje del corazón*

21 DE NOVIEMBRE

"La oración"

SEATTLE, WASHINGTON, ABRIL DE 1974

―――――

"El equilibrio emocional que me eludía está regresando a través de la oración".

―――――

De *Spiritual Awakenings*

22 DE NOVIEMBRE

"Séptima Tradición"

BILL W., COFUNDADOR DE AA, JUNIO DE 1948

"Sí, una vez los AA fuimos una carga para todos los demás. Éramos los que 'tomaban'. Ahora que nos encontramos sobrios y, por la gracia de Dios, hemos llegado a ser ciudadanos responsables del mundo, ¿por qué no debemos dar un giro de 180 grados para convertirnos en 'los que dan con gratitud'? Ya es hora de que lo hagamos".

De *El lenguaje del corazón*

23 DE NOVIEMBRE

"Confiar en el silencio"

NOVIEMBRE DE 1991

———

"Mis oraciones suelen ser breves y concisas. '¡Ayuda!' es una de las que digo con frecuencia".

———

De Lo mejor del Grapevine, Volumen III

24 DE NOVIEMBRE

"Tan solo sigue adelante"

NEW CANAAN, CONNECTICUT,
ABRIL DE 1976

———

"Sé que no estoy completamente perdido,
incluso cuando creo estarlo. Sé que la
libertad y la utilidad, el amor, la
sociabilidad y la solidaridad, son cosas
importantes en la vida".

———

De Lo mejor del Grapevine, Volumen I

25 DE NOVIEMBRE

"De regreso de Haití"

IOWA CITY, IOWA, AGOSTO DE 2012

———

"Sé que nunca voy a estar
sobrio lo suficiente como para ser
resistente al alcohol".

———

Del *AA Grapevine*

26 DE NOVIEMBRE

"No es culpa de nadie, sólo mía"

NIPAWIN, SASKATCHEWAN,
NOVIEMBRE DE 2003

———

"Después de tantos años de
ser un peligro, una molestia para
la comunidad, sentí la obligación
de hacer algo positivo".

———

De *Happy, Joyous and Free*

27 DE NOVIEMBRE

"Otra mano solidaria"

ALLYN, WASHINGTON, FEBRERO DE 1997

———

"Siempre hay una reserva de gracia para los días en los que estoy indefenso".

———

De Lo mejor del Grapevine, Volumen III

28 DE NOVIEMBRE

"Gracias, Estados Unidos"

NUEVA YORK, AGOSTO DE 2012

———

"De joven, fui a París para convertirme en artista. Quería ser rico y famoso, pero Dios tenía otro plan. No soy rico ni famoso. Pero estoy sobrio".

———

Del *AA Grapevine*

29 DE NOVIEMBRE

"Gratitud"

NEW CANAAN, CONNECTICUT,
SEPTIEMBRE DE 1979

———

"No esperes a estar deprimido para
practicar la gratitud".

———

De Voices of Long-Term Sobriety

30 DE NOVIEMBRE

"La necesidad de excavar más profundo"

SHREVEPORT, LUISIANA, AGOSTO DE 2012

———

"En la medida en que siga viendo el valor y la dignidad inherentes a todo ser humano, continuaré viviendo en un plano de mayor igualdad con los demás".

———

Del *AA Grapevine*

DICIEMBRE

1.º DE DICIEMBRE

"Luego llegaron Susan y Dottie"

ELKTON, MARYLAND, AGOSTO DE 2012

———

"Vivir sobrio no es siempre color
de rosas. Pero lo genial es que, cuando
me pongo nervioso, está todo bien.
No necesito beber para solucionarlo. Lo
mismo cuando estoy triste, preocupado
o tengo miedo".

———

Del *AA Grapevine*

2 DE DICIEMBRE

"Tan solo sigue adelante"

NEW CANAAN, CONNECTICUT, ABRIL DE 1976

———

"Doy gracias a Dios por todas las personas maravillosas, tanto profesionales como aficionadas, que me ayudaron o trataron de hacerlo. Incluso sus intentos fallidos me ayudaron a seguir adelante, a seguir intentándolo".

———

De *Lo mejor del Grapevine, Volumen I*

3 DE DICIEMBRE

"Este asunto de la honradez"

BILL W., COFUNDADOR DE AA,
AGOSTO DE 1961

———

"Cuando la vida nos presenta un conflicto tan atormentador, no se nos puede culpar por sentirnos confusos. De hecho, nuestra primera responsabilidad es admitir que estamos confundidos".

———

De *El lenguaje del corazón*

4 DE DICIEMBRE

"La verdad"

CAYO HUESO, FLORIDA, AGOSTO DE 1973

———

"La verdad no es una cima de granito inmutable y absoluta, eterna, inmóvil, que esconde la cabeza en un conjunto de nubes. La verdad es una bailarina que dibuja arabescos coloridos, musicales, siempre cambiantes y armoniosos".

———

De Lo mejor del Grapevine, Volumen I

5 DE DICIEMBRE

"Atrapado por el odio"
LA VERNE, CALIFORNIA, DICIEMBRE DE 1966

———

"Lo más importante para deshacerse de los resentimientos es saber que los tenemos. No podemos solucionar nada si no sabemos qué es lo que está mal".

———

De Lo mejor del Grapevine, Volumen I

6 DE DICIEMBRE

"Los servicios hacen funcionar a AA"

BILL W., COFUNDADOR DE AA,
NOVIEMBRE DE 1951

"En 1937, algunos de nosotros nos dimos cuenta de que AA tenía necesidad de literatura uniforme. Sería necesario publicar un libro. .... Pues, tuvimos algunas disputas violentas sobre la elaboración y la distribución de aquel libro de AA. De hecho, tuvieron que pasar cinco años hasta que se apaciguaran los ánimos. Cualquier AA que se imagina que los ancianos que elaboraron el libro lo hicieron meditando serenamente y envueltos en hábitos blancos, más vale que lo olvide".

De *El lenguaje del corazón*

7 DE DICIEMBRE

"¿Alguna vez tuviste una borrachera seca?"

DAYTON, OHIO, ABRIL DE 1962

————

"Pasé días oscuros, en los que una voluntad infinitamente superior a la mía se hizo responsable de mi sobriedad".

————

De Lo mejor del Grapevine, Volumen I

8 DE DICIEMBRE

"Lo que aprendí de mi padrino"
AUSTIN, TEXAS, MAYO DE 2003

———

"Intentamos transmitir el mensaje para mantenernos sobrios. Si la persona a la que estamos ayudando también lo logra, mejor aún".

———

De *I Am Responsible*

9 DE DICIEMBRE

"Tus depresiones: saca algo positivo de ellas"

NUEVA YORK, NUEVA YORK, AGOSTO DE 1948

———

"Si logramos neutralizar este impulso desesperado de probar que somos personas extraordinarias, es muy posible que nos acomodemos y realmente disfrutemos de lo que sea que la vida tenga para ofrecernos".

———

De *Lo mejor del Grapevine, Volumen I*

10 DE DICIEMBRE

"La próxima frontera: la sobriedad emocional"

BILL W., COFUNDADOR DE AA,
ENERO DE 1958

———

"Su felicidad es un subproducto —este dividendo de dar sin exigir nada a cambio—".

———

De *El lenguaje del corazón*

11 DE DICIEMBRE

"Cómo funciona AA"

SANTA FE, NUEVO MÉXICO, MAYO DE 1972

———

"Para el que estuvo perdido, solo, fue olvidado y rechazado, lo más importante del mundo es tener a alguien que estreche su mano".

———

De Lo mejor del Grapevine, Volumen I

12 DE DICIEMBRE

"Primera Tradición"

NUEVA YORK, NUEVA YORK, NOVIEMBRE DE 1969

———

"El simple hecho de ponerme en contacto
con AA por primera vez barrió, en un
instante, la oscura soledad que había
engullido mi vida".

———

13 DE DICIEMBRE

"No te escondas en AA"

FOREST HILLS, NUEVA YORK, ENERO DE 1967

———

"Ni Dios ni AA nos pueden ayudar si no estamos dispuestos a recibir ayuda".

———

14 DE DICIEMBRE

"¿Qué es la aceptación?"

BILL W., COFUNDADOR DE AA,
MARZO DE 1962

"El formidable repertorio de penas y problemas de la vida requerirá muchos grados diferentes de aceptación, aveces, tenemos que encontrar el tipo apropiado de aceptación para cada día. A veces, necesitaremos desarrollar aceptación para lo que pueda ocurrir mañana y, otras veces, tendremos que aceptar una condición que quizás no cambie nunca. Luego, además, frecuentemente tiene que existir la apropiada y realista aceptación de nuestros lamentables defectos de carácter y de los graves fallos de los demás —defectos que tardarán muchos años en remediarse completamente, si acaso alguna vez lo hacen—".

De *El lenguaje del corazón*

15 DE DICIEMBRE

"¿Qué hay sobre este plan de veinticuatro horas?"

NUEVA YORK, NUEVA YORK, ENERO DE 1968

———

"Para el alcohólico en recuperación, la acción debe darse antes que la comprensión y la fe. (...) Nuestras acciones deberán revelarnos la forma correcta de pensar, y no a la inversa".

———

De Lo mejor del Grapevine, Volumen I

16 DE DICIEMBRE

"Después del otoño"

SPARKS, NEVADA, AGOSTO DE 1969

———

"Tengo que seguir reconociendo mi propia relación con cualquier Dios que me sea concebible con el mismo empeño que le dedico a pasar cada minuto en sobriedad".

———

De Lo mejor del Grapevine, Volumen I

17 DE DICIEMBRE

"Las recaídas y la naturaleza humana"

DR. WILLIAM DUNCAN SILKWORTH,
ENERO DE 1947

———

"Tener un resbalón, en un alcohólico, no es un síntoma de un estado psicótico. No implica que esté loco, *sino sólo que el paciente no siguió las indicaciones*".

———

De Lo mejor del Grapevine, Volumen I

18 DE DICIEMBRE

"Segunda Tradición"

NUEVA YORK, NUEVA YORK, DICIEMBRE DE 1969

———

"Tiene que ser amor —no autoridad— lo
que mantenga a AA unido."

———

De *Lo mejor del Grapevine, Volumen I*

19 DE DICIEMBRE

"Aceptar la invitación"
OKMULGEE, OKLAHOMA, MAYO DE 1994

———

"Acepté ir a una visita de Paso Doce y, como contrapartida, fui yo el objeto de la intervención".

———

De I Am Responsible

20 DE DICIEMBRE

"En memoria de una muchacha derrotada siempre, salvo una vez"

ARLINGTON, VIRGINIA, MARZO DE 1947

————

"Agradezco este minuto. Puede contener
la eternidad".

————

21 DE DICIEMBRE

"¿Alguna vez tuviste una borrachera seca?"

DAYTON, OHIO, ABRIL DE 1962

———

"Nadie puede dar amor y compadecerse de sí mismo al mismo tiempo; preocuparse por los demás nos ayuda a ver lo tontos que fuimos".

———

De Lo mejor del Grapevine, Volumen I

22 DE DICIEMBRE

"Este asunto de la honradez"

BILL W., COFUNDADOR DE AA,
AGOSTO DE 1961

"No podemos depender totalmente de nuestros amigos para resolver todas nuestras dificultades. Un buen consejero nunca va a pensar por nosotros. Sabe que la decisión final debe ser nuestra".

De *El lenguaje del corazón*

23 DE DICIEMBRE

"Con respecto al dinero"

BILL W., COFUNDADOR DE AA,
NOVIEMBRE DE 1957

———

"Nuestra manera de vida espiritual está asegurada para las futuras generaciones si, como Sociedad, no caemos en la tentación de aceptar dinero de fuentes ajenas. Pero esto nos deja con una responsabilidad que todo miembro debe comprender. No podemos ser tacaños cuando el tesorero de nuestro grupo pasa el sombrero. Nuestros grupos, nuestras áreas y AA en su totalidad no funcionarán a menos que dispongamos de servicios adecuados y se paguen los gastos que entrañen".

———

De *El lenguaje del corazón*

24 DE DICIEMBRE

"Compadecerse de sí mismo puede ser fatal"

CAYO HUESO, FLORIDA, FEBRERO DE 1973

"¿De verdad quiero ... ser amargado, hostil y prejuicioso? ¿Quiero habitar un cuerpo así? ¿No sería mejor perdonar, ser considerado y comprensivo? ¿Es tan importante compadecerse de sí mismo y sentirse maltratado como para aferrarse a eso en vez de aceptarse a sí mismo?".

De Lo mejor del Grapevine, Volumen I

25 DE DICIEMBRE

"Un mensaje navideño"

BILL W., COFUNDADOR DE AA,
DICIEMBRE DE 1970

———

"La gratitud es el más excelente atributo
que podamos tener".

———

De *El lenguaje del corazón*

26 DE DICIEMBRE

"Una visión del mañana"

BILL W., COFUNDADOR DE AA,
ENERO DE 1952

———

"Una clara visión del mañana sólo viene
después de una mirada realista al ayer".

———

De *El lenguaje del corazón*

27 DE DICIEMBRE

"El miedo al rechazo"

VENICE, CALIFORNIA, OCTUBRE DE 1973

———

"Persevero a pesar de la derrota. Ahora puedo exponerme al rechazo, porque ya no me siento resentido y deprimido cuando ocurre".

———

De *Lo mejor del Grapevine, Volumen I*

28 DE DICIEMBRE

"¿Alguna vez tuviste una borrachera seca?"

DAYTON, OHIO, ABRIL DE 1962

———

"Las emociones de un alcohólico pueden fluctuar, como los frentes climáticos".

———

De Lo mejor del Grapevine, Volumen I

29 DE DICIEMBRE

"... Y aprender"

ORANGE, CALIFORNIA, NOVIEMBRE DE 1996

———

"Al trabajar con otros puedo presenciar
el milagro de la sobriedad y observar
el brillo en sus ojos cuando aprenden a
hablar el lenguaje del corazón".

———

Del *AA Grapevine*

30 DE DICIEMBRE

"Compadecerse de sí mismo puede ser fatal"

CAYO HUESO, FLORIDA, FEBRERO DE 1973

———

"Como alcohólicos activos, todos escapamos de la vida, hacia la muerte. Al unirnos a AA, revertimos ese proceso — nos entregamos a la vida tal y como es, y no como nos gustaría que sea—".

———

De Lo mejor del Grapevine, Volumen I

31 DE DICIEMBRE

"Tus depresiones: saca algo positivo de ellas"

NUEVA YORK, NUEVA YORK, AGOSTO DE 1948

———

"Hay una tarea que podemos hacer fantásticamente bien —y nada podrá evitar que la ejecutemos si es lo que en realidad queremos—: trabajar sobre nosotros mismos, interiormente. Implica limpiar el desorden de los falsos valores, las ambiciones irreales y los viejos resentimientos, y reemplazarlos con las cualidades que deseamos tener: amabilidad, tolerancia, calidez. Así comenzaremos a apreciar los valores reales de la vida y notaremos que distan mucho de los sueños distorsionados y nebulosos de nuestro pasado".

———

De *Lo mejor del Grapevine, Volumen I*

LOS DOCE PASOS

1. Admitimos que éramos impotentes ante el alcohol, que nuestras vidas se habían vuelto ingobernables.

2. Llegamos a creer que un Poder Superior a nosotros mismos podría devolvernos el sano juicio.

3. Decidimos poner nuestras voluntades y nuestras vidas al cuidado de Dios, como nosotros lo concebimos.

4. Sin miedo hicimos un minucioso inventario moral de nosotros mismos.

5. Admitimos ante Dios, ante nosotros mismos, y ante otro ser humano, la naturaleza exacta de nuestros defectos.

6. Estuvimos enteramente dispuestos a dejar que Dios nos liberase de nuestros defectos.

7. Humildemente le pedimos que nos liberase de nuestros defectos.

8. Hicimos una lista de todas aquellas personas a quienes habíamos ofendido y estuvimos dispuestos a reparar el daño que les causamos.

9. Reparamos directamente a cuantos nos fue posible el daño causado, excepto cuando el hacerlo implicaba perjuicio para ellos o para otros.

10. Continuamos haciendo nuestro inventario personal y cuando nos equivocábamos lo admitíamos inmediatamente.

11. Buscamos a través de la oración y la meditación mejorar nuestro contacto consciente con Dios, como nosotros lo concebimos, pidiéndole solamente que nos dejase conocer su voluntad para con nosotros y nos diese la fortaleza para cumplirla.

12. Habiendo obtenido un despertar espiritual como resultado de estos Pasos, tratamos de llevar el mensaje a los alcohólicos y de practicar estos principios en todos nuestros asuntos.

LAS DOCE TRADICIONES

1. Nuestro bienestar común debe tener la preferencia; la recuperación personal depende de la unidad de AA.

2. Para el propósito de nuestro grupo sólo existe una autoridad fundamental: un Dios amoroso tal como se exprese en la conciencia de nuestros grupos. Nuestros líderes no son más que servidores de confianza; no gobiernan.

3. El único requisito para ser miembro de AA es querer dejar de beber.

4. Cada grupo debe ser autónomo, excepto en asuntos que afecten a otros grupos de AA o a AA, considerado como un todo.

5. Cada grupo tiene un solo objetivo primordial: llevar el mensaje al alcohólico que aún está sufriendo.

6. Un grupo de AA nunca debe respaldar, financiar o prestar el nombre de AA a ninguna entidad allegada o empresa ajena, para evitar que los problemas de dinero, propiedad y prestigio nos desvíen de nuestro objetivo primordial.

7. Cada grupo de AA debe mantenerse completamente a sí mismo, negándose a recibir contribuciones de afuera.

8. AA nunca tendrá carácter profesional, pero nuestros centros de servicio pueden emplear trabajadores especiales.

9. AA como tal nunca debe ser organizada; pero podemos crear juntas o comités de servicio que sean directamente responsables ante aquellos a quienes sirven.

10. AA no tiene opinión acerca de asuntos ajenos a sus actividades; por consiguiente, su nombre nunca debe mezclarse en polémicas públicas.

11. Nuestra política de relaciones públicas se basa más bien en la atracción que en la promoción; necesitamos mantener siempre nuestro anonimato personal ante la prensa, la radio y el cine.

12. El anonimato es la base espiritual de todas nuestras Tradiciones, recordándonos siempre anteponer los principios a las personalidades.

ALCOHÓLICOS ANÓNIMOS

El programa de recuperación de AA se basa por completo en este texto básico, *Alcohólicos Anónimos* (también conocido comúnmente como el Libro Grande), ahora en su cuarta edición, así como en libros *Los Doce Pasos y Doce Tradiciones* y *Viviendo sobrio*, entre otros. También es posible encontrar información sobre AA en la página web de AA en aa.org, o escribiendo a:

Alcoholics Anonymous
Box 459
Grand Central Station
New York, NY 10163

Si desea encontrar recursos en su localidad, consulte la guía telefónica local bajo *"Alcohólicos Anónimos*. También puede obtener a través de AA los cuatro panfletos siguientes: "Esto es AA", "Es AA para usted?", "44 Preguntas" y "Un principiante pregunta".

LA VIÑA Y GRAPEVINE

AA Grapevine es la revista mensual internacional de AA que se ha publicado continuamente desde su primer número en junio de 1944. El panfleto de AA sobre AA Grapevine describe su alcance y su finalidad de la siguiente manera: "Como parte integrante de Alcohólicos Anónimos desde 1944, el Grapevine publica artículos que reflejan la amplia diversidad de la experiencia e ideas que hay dentro de la comunidad de AA, y así también lo hace La Viña , la revista bimensual en español, publicada por primera vez en 1996. En sus páginas no hay punto de vista o filosofía dominante, y, al seleccionar el contenido, la redacción se basa en los principios de las Doce Tradiciones".

Además de revistas, AA Grapevine, Inc., también produce libros, libros electrónicos, audiolibros y otros artículos. También ofrece una suscripción a Grapevine Online que incluye: entre ocho y diez historias nuevas cada mes, Audio-Grapevine (la versión en audio de la revista), el archivo de historias de Grapevine (la colección completa de artículos de Grapevine), así como el actual número de Grapevine y La Viña en formato HTML. Si desea obtener más información sobre AA Grapevine, o suscribirse a alguna de las opciones mencionadas, visite la página web de la revista en www.aagrapevine.org o escriba a:

AA Grapevine, Inc.
475 Riverside Drive
New York, NY 10115
USA

ÍNDICE